ジジイ・テリブル、あるいは反時代的考察

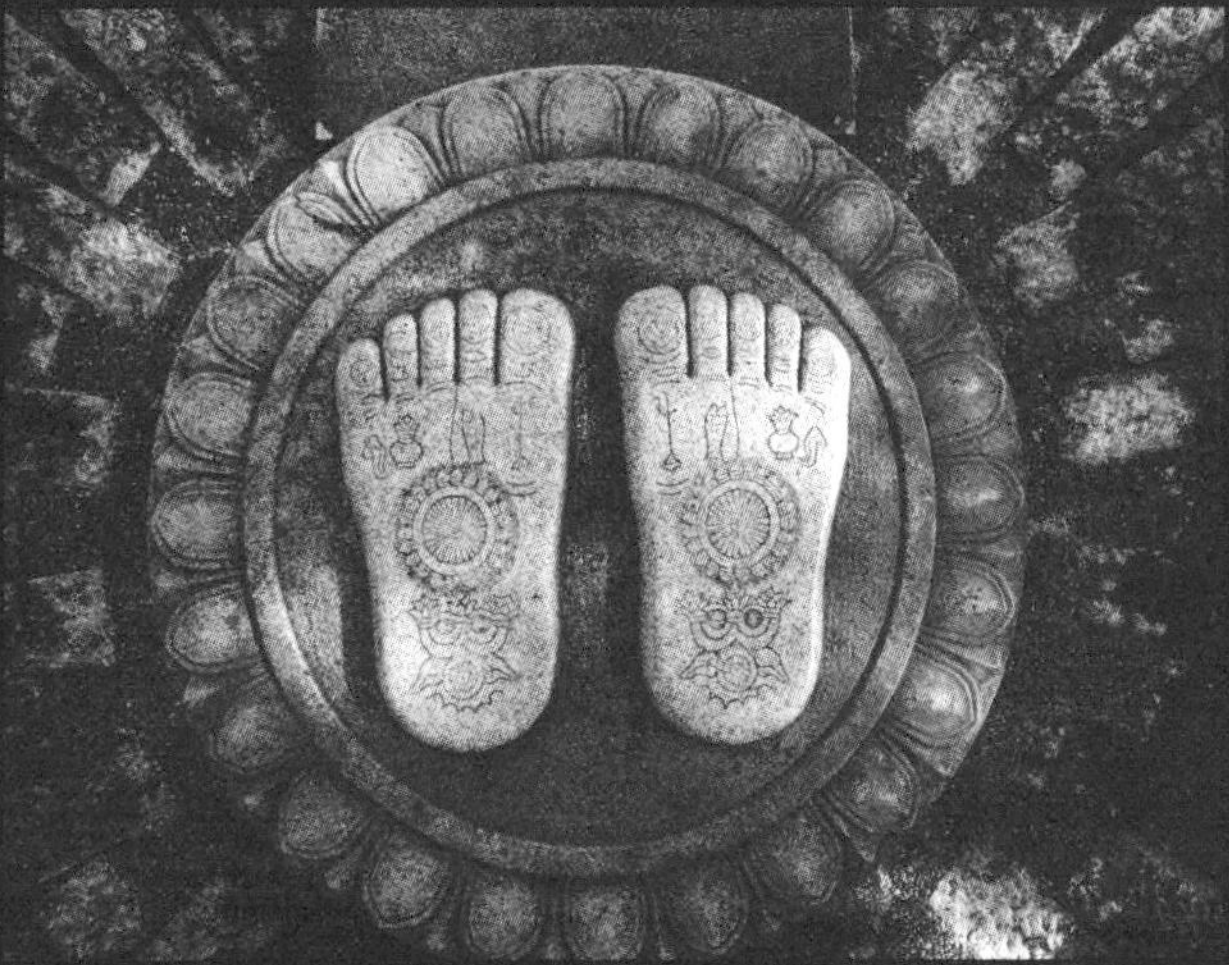

庭田茂吉◉著
Shigeyoshi Niwata

萌書房

まえがき

文章には日付がある。日付の向こうには、現実の世界がある。時間のなかでの、私の生活がある、人々の生活がある。時は不可逆であり、昔に還ることはできない。しかし、本当にそうか。

詩人の田村隆一は、「科学の不可逆性」に「芸術の可逆性」を対置した。芸術は、科学とは異なり、時の可逆性を生きることができると考えた。詩における一八八八年への回帰である。永井荷風は、明治・大正・昭和の世に、自分の芸術によって江戸の時を生きる。いわゆる、自分の芸術を江戸の戯作者たちのそれと同列に置くことである。ここに見られるのは、徹底化された反時代性である。彼らの時代との関わり方は、ニーチェ的な反時代的考察、時代に逆らうことで時代に関わるという、いわば方法としてのアナクロニズムである。この考え方はまた、サイードや大江健三郎や鶴見俊輔の晩年の作品の様式、レイタースタイルと重なる。すなわち、調和や秩序性や統一性ではなく、不調和や混沌や乱調の強調である。あるいは、そこに、谷崎潤一郎の最後の長編小説『瘋癲老人日記』のもつ倒錯や変態や擬態を付け加えることもできるだろう。

本書に収録された文章は、一九九五年一月から一九九九年八月にかけて『晩年学フォーラム通信』に発表されたものである。最初の文章が今から二十三年前、最後のそれが十九年前、ちょうど私の四十代前半から後半にかけて書かれたものである。本書の取った形式のように、発表した順番に並べ改めて読み直してみると、一つのテーマが浮かび上がって来た。「反時代的考察」である。この言葉を使って意図的に作り上げた文章もあるが、当時はそれをそれとして意識していたわけではない。バブルの崩壊以降、九〇年代を通じて私のなかにあったのは、強いて言えば、晩年の意識であろう。四十歳を迎えた時、私の人生は終わったと思った。なぜか。二十歳から二十年が経過し、私の生活が根本から変わったからである。それを境に、一度死んで、それ以降、別の人生を生きている、そう自覚した。私の生のなかの死と復活の小さなドラマである。私の人生の非連続の連続である。ちょうどその時、私の先生が四人で始めた「晩年学フォーラム」に誘われた。このフォーラムの通信文に、「何か書きませんか」。

人前に出ることを好まない私がこの会に参加し、『通信』に文章を寄せるようになったのは、別の人生を生きている自分に興味があったからである。その自分をそのまま書けばよい、と思えたからである。片山寿昭先生は、それを見抜いていたのかもしれない。この時期、私はこれまでで一番多くの文章を書いた。『通信』に寄稿した文章のうち、半分は二〇〇二年に出版した『ミニマ・フィロソフィア』（萌書房）に収録した。それゆえ、本書の文章は残りの半分ということになる。自覚的に選択した結果ではなかったが、面白いことに、小さな哲学の省察の文章群と、本書の晩年の意識に基づく反時代的な考察の文章群とに分かれた。偶然である。

詩や小説以外に、私が最初に自覚的に書いた文章は、一九七〇年代初頭の「島尾敏雄覚え書き」と、カフカを扱った卒業論文「経験の環流」とである。いずれも文学部の学科内の専攻の小さな雑誌に載せてもらった。詩や小説を書かなくなったのもこの時期からである。以来、大学院で哲学の勉強を始めてからは、まったく別の文章を書くことになった。日記やメモ帳の文章を除けば、ごく普通の文章を書いたのはほとんどない。ただ、ごく稀に学内の小さな媒体に仕事を通して求められた時は、カフカに関する文章を書いた。特に意識したことはなかったが、他に書けなかったのかもしれない。

ここで、本書の文章が最初に掲載された『晩年学フォーラム通信』（一九九五年から二〇〇四年まで）についてあらためて一言。この小冊子は、片山寿昭、上野瞭、中村義一、村瀬学の四氏を中心にして作られた。ここに私は不定期的に自由に書かせていただいた。四名の先生のご尽力をはじめ、この会に参加された多くの方々の支えがあって、私の本書の文章がある。もし今回本を作ろうと考えなかったならば、これらの文章も日の目を見ることはなかったかもしれない。出版を検討するに当たって元の文章を探したが、私の整理が悪く、結局同志社女子大学の村瀬学先生の手を煩わせることになった。その際、村瀬先生からも本書の出版を強くすすめられた。

出版を決断し、改めて全体に目を通すと、この小冊子の値打ちが分かったように思われた。毎月よくも出し続けたものだと感嘆する。私は文章を寄稿しただけだが、月一度の「フォーラム」を支えた皆さんの尽力に感謝する。この冊子がなければ、怠け者の私が、短期間でおよそ二冊分の文章を書くことはなかったはずである。また、この会での発表と討論、質疑応答などがなければ、現在の「日常の中の哲学」という名のもとでの仕事もなかっただろう。例外を除けば、いつも、「他と共に」というよりも「ひとりで」を優先させてきた私自身の過去にあって、あれは特別な時間だったのだと改めて思う。

本書でも触れたが、文章を書くことは恐ろしい。それが残ることも恐ろしい。しかし、そこに期待のようなものがなかったわけではない。本書の文章がどのように読まれるか、興味がないわけではない。むしろ楽しみでもある。だからか、文章を書くことはこれからも続くだろう。

二〇一八年八月

庭田 茂吉

ヂッイ・テリブル、あるいは反時代的考察＊目次

ヂメイ・テリブル、あるいは反時代的考察

五歳の子には五歳の死生観

また悪い癖が始まった。そう思われているに違いない。夕食時に新聞を見ながら、食事をとる。一時やめていたのだが、また始まった。実際、読むというよりも見るに近いのだが、文字を追いながら、ご飯を食べ、おかずをつまむ。以前、私の手は新聞の代わりにコップを持っていた。何のことはない、ビールが新聞に変わっただけなのだ。どうも性分なのか、たいてい何かを手に持っている。周りの者は、当然、愉快ではない。それでもビールに比べれば、新聞の方がまだましか。

「死に方が知りたくて」での大槻ケンヂのインタヴューも食卓で読んだ。それは朝日新聞の夕刊に載っていたのだが、切り抜いたものを見直すと、一九九四年十二月十二日という日付になっている。出だしはこんな調子。「いろんな人に読まれるでしょ。たかだか二十八歳で、ご年配の方には『ワカゾウが何いっちょるか』と言われると思うんですけどね」（聞き手・稲垣えみ子）。聞き手の稲垣さんがどの程度手を入れているかはわからない。彼女が大槻ケンヂの言葉をどのように構成しているかもわからない。今それらを不問にすることにして、私はこのインタヴューでの大槻の率直さに魅了された。大槻は、自分のことを内向的で気が弱いと言う。彼はロック・グループ「筋肉少女帯」の作詞兼ボーカル担当だが、このバンドのファンもやはり内向的だそうだ。私は彼の顔は知っている。テレヴィのバラエティ番組で彼が話しているのを聞いたこともある。しかし、歌は知らない。彼のバンドがどの程度人気があるのかも知らない。要するに、私は大槻ケンヂについてほとんど知らないのである。だが、インタヴューのなかの彼の言葉には魅かれた。どこに魅かれたのか。

大槻は、過去の自分のことを次のように言う。中・高生の頃は目立たなかったし、モテなかった。人との違いを際立たせるために、本をたくさん読んだり、映画を見たりした。「でもやっぱり成績は良くないしモテないし。もしかすると自分のやってることはただの無駄骨なんじゃないか。それがとっても怖くてね。どんどん閉じこもっていきましたね」。高校時代にバンドを組んだ。ライブをやるようになった。「顔を真っ白に塗ってブルマーはいて白衣着て水中メガネかけて、ステージに出ちゃったわけですよ。自分は醜いダメな人間なんだから、とにかくダメな部分をさらすんだとか思って」。このイヤがられることによって人目をひく試みはひとまず成功する。ともかくバンドは売れ出した。ここまでは普通の話。その後の大槻の反応が面白い。インタヴューは続く。

人気が出るとどうなるか。彼は怖かったと言う。ぐちゃぐちゃになったとも言う。「キャーッてライブの最前列にいて、一生ついていくみたいなことを言ってた子が、次のライブではもういないわけですよ。愛されるってことは永遠に続くわけじゃなくて、すぐになくなっちゃう。人気も上ったり下ったりするんですよ」。そのうち、自分が愛されているのか憎まれているのかわからなくなる。デビュー直後はほとんどノイローゼ状態だったという。精神状態の悪い時は、「『自分は死ぬんだ』と思っちゃって。心臓がバクバクして。呼吸が苦しくなって、世界がぐるぐる回り出すような感じ。本当にもう恐怖でいてもたってもいられなくなって、外に出てトボトボ歩き回って」。それに続けて、彼はこんなことを言う。「そしたら、どうでもいい町の風景がとてもいとおしく思えてきたんですよ。車のボンネットに反射する街灯の光とか、目に映るもの全部がくっきり意味をもっているかのような。すべて目に焼き付けておこうと思ったりなんかして。生きてることの素晴らしさを感じさせる脳内物質が分泌されたのかもしれない」。

彼は本当に死の恐怖に襲われて、またたくさんの本を読んだ。そこで彼は「諸行無常」を知る。ただし、大槻ケンヂの「諸行無常」。人を愛するのも諸行無常の範疇。だから、「ファンの子が一年くらいたつと、『私、昔大槻ケンヂなんか好きだったの。笑っちゃうわよネ』とか言うわけですけど、それも当然と思えばよいのだなあと」。さらに、大槻ケンヂ流の「色即是空、空即是色」。この世にあるものは何もない。苦しみも愛もない。ないのだから、ないものに固執してもしようがない。けれども、これだけではない。すべてがないとなると生きてゆく必要もないと思われかねない。そこで、「この世はナイ。

ナイけど……あるんだヨって言ってる。あなたが好きといった状態も、ホントはない。だけれども、アル。何とも観念的ですが、こういう考え方があるのかと思って、とてもラクな気分になりました」。

これは理屈ではない。生の心得、それも大槻ケンヂの心得である。要するに彼個人の思うことにほかならない。これをみんなのものにしてはいけない。個人個人はそんな心得のようなものを持って、生のさまざまな場面をくぐり抜けてゆく。大槻は人気商売のなかで死の恐怖に襲われた。この時彼は、二十八歳であって二十八歳でない。若さのなかに老いを、生のなかに死を見ている。少なくとも彼は、自然からはずれたところにいる。その彼がこんなふうに言う。「死んだら何もなくなる。ていうことをみんな怖いと思ってるけど、何もなくなるってことは救いなんじゃないか。あることとって、喜びもあるけど恐怖も不安もある。無っていうのは幸せですよ。生と死を有と無と考えたとき、無が悪いとはだれも決められないはずでしょ」。あることが善で、無は悪、そう考えると身近にある死が襲いかかってきて怖くなる。はたして、あることは善か。死は悪か。

二回目のインタヴューの最後に彼は次のように言う。「これは今の僕の考えで、四十とか八十になれば考えが変わるかもしれない。でもいつ死ぬかわからないんだから、五歳の子には五歳の死生観があっていいじゃないですか。いつ死に直面してもいいように」。

（95年1月号）

治人夏物・治人冬物

——ある晩年の風景——

ごく当たり前のことだが、人は死ぬまで生きている。いや正確には、人は死ぬまで生き続けなければならない。ある時、私は、病いで倒れる。ある時、私は、死を決意する。けれども、病がどんなものであれ、死の決意がどれほどのものであれ、日常の生の法則は私を死ぬまで支配し続ける。死がどんなに近くにあっても、やはり腹はへるし、喉も渇く。寒いと思うし、暑いと感じる。トイレにも行きたくなるだろうし、おかしな時には笑いたくもなるだろう。靴のひもがほどければ注意がそこに向き、手の汚れやホコリやゴミもやっぱり気になる。人は、死の一瞬が訪れるまで生きているのである。何歳になろうと、若かろうが高齢だろうが、死ぬまで生きていかなければならない。人はこの事実から、死ぬまで生きているということの事実から決して逃れられない。私にはそのことが悲しい。いつか人が、いつか私が、死ぬという事実が悲しいのではない。死が突然やってきて、生を終らせるということが悲しいのでもない。死ぬまで生きているというそのことが悲しいのである。

以前、耕治人の『そうかもしれない』（講談社）を読んだ時、これと同じ悲しみにとらえられた。それを読む前に、たまたま私は、この老作家夫婦の晩年を描いた、NHKのドキュメンタリー番組を見る機会をもった。一九八八年の秋のことだったと思う。テレヴィの画面には、八十歳を越えた夫婦二人きりの身寄りのない生活が映し出されていた。愛情と信頼と犠牲と献身による夫と妻の結びつき。決して豊かとは言えない老夫婦の暮らしぶり。テレヴィの画面は、この二人の晩年の風景を静かに語っていた。私は胸を衝かれた。

夫と妻のそれぞれの老いは、二人の日常の生をゆっくりと少しずつ蝕んでゆく。食べること、眠ること、排泄すること、身体を動かすこと、日常の生の運動は内部からくずれ始める。やがて、妻は老人性痴呆症で特別養護老人ホームへ引き取られ、夫は口腔内のガンで入院せざるを得なくなる。二人の生活は、八十三歳の作家の死まで続くが、最晩年は妻は老人ホームで、夫は病院でそれぞれを思うしかなかった。

思えば、妻の痴呆は洗濯からやってきた。妻が風呂の残り湯でシャツやパンツを手で洗う。風呂好きで洗濯好きの妻の日課だった。そんな生活が結婚以来五十年あまりにわたって続いてきた。ある夜、妻は、「わたしもう洗濯が出来ないわ」とつぶやく。もう手で洗うことはやめなければならない。早速、洗濯機を買い入れたが、一年後には操作することさえ出来なくなる。妻の病状は次第に悪化してゆく。

お金の勘定がわからない。黒焦げの鍋の行列をつくる。家を出たきり戻らない。老化と痴呆は、洗濯、掃除、買い物、料理といった家事から始まって、トイレの心配まで続く。ある時、夫の顔さえわからなくなる。

夫は七十六歳になって急に身体の衰えを感じ出した。死はすぐ近くでこの作家を誘惑していた。ある日、夫は自分の故郷を死に場所と定め、旅立つ。その前にこんなやりとりがあった。「もう十年も墓参りにゆかないし、身体の動くうち、お参りしてきたい」と夫が言い、「あたしもそのことを気にしていたのよ。あなたは十年もお参りしていないのよ。いっていらっしゃい」と妻が言う。旅立つ日、妻はつぶやく、「今度のお墓参りがすんだら、もうどうなってもいいわ」。だが結局、夫は死にきれずに戻ってきた。妻が呆ける五年前のことだった。死は本当に間近にあったのだ。その夫が、妻が呆けた後、彼女の仕事のすべてを引き受けざるを得なくなる。ここでも日常の生の法則はついてまわる。洗濯、掃除、買い物、料理、老作家は家事に追われ、妻の介護に追われる。やがて、夫の身体に本当の変調がやってくる。始まりは入れ歯からだった。上の入れ歯と下の入れ歯をかみ合わせるごとに、激しい痛みが襲う。ものが食べられない。体力が衰え、体重は四十キロをわる。こうして、口腔内のガンは彼を病院へと閉じこめた。

ただし誤解しないでいただきたい。このように書くと、この老夫婦の話も昨今の高齢化社会の悲劇の一点景にすぎないと思われかねない。けれども、私の文章の意図はそこにはない。なるほど悲劇を物語る材料はそろっている。老夫婦二人だけの生活の脆さと危うさ、その中で老いてゆくことや病むことの恐ろしさ、悲しさ、惨めさなど。しかし、そこにあるのは高齢化社会の悲劇ではない。耕治人夫婦の生活には、生きてゆくことの深い悲しみや生の苦難はあっても、人々が語りたがる老人問題や悲劇はない。この二人の生活はそれらとは無縁であり、逆に人々が語りたがる老人問題や悲劇の虚構性を照らし出す。老いることを醜いと言い、また美しいと言うことは、生の現実を忘れたロマンティークにすぎない。それは老いの物語ではあっても、老いることの現実とは何ら関係がない。語りたい人は好きなように語るがよい。けれども、私は物語を語ることより、現実を生きる方を選ぶ。死ぬまで生きるという生の苦難や悲しみを取る。もはや言うまでもないが、老作家夫婦が示していることは、物語を作り語るという生のロマンティークではなく、誰もが決して逃れられない、こうした生のリアリティにほかならない。それも耕治人夫婦の示し方で、すなわち、人は死ぬまで生きているという事実を最後の最後まで生き抜くという仕方で。百人いれば百人の生があり、四十歳は四十歳の、八十歳は八十歳の生を生き続けるしかない。私の老いがあり、あなたの老いがある。彼の晩年があり、彼女の晩年がある。人は皆自分の人生を生き、自分の人生を死ぬ。誰もが日常の生の法則から決して逃れられない。そこに生の苦難や悲しみがある。無論、生の苦難や悲しみはそれぞれの生の苦難や悲しみであって、みんなのものではあり得ない。耕治人はそのことをよく表現した。思い出してほしい、老いが洗濯や料理や入れ歯から始まったことを。

もう一度、テレヴィの画面に戻る。それは忘れがたい一つの情景を映し出していた。何もない部屋の隅に重ねて置かれたダンボールの箱、マジックで「治人夏物」、「治人冬物」と記されたダンボールの箱。それらは自分の下着のありかさえわからない夫のために、妻が用意した衣類の箱だった。時は一九八八年の秋。この部屋の外で何が起こっていたのか。私たちの社会で八〇年代後半に何が起こりつつあったのか。大げさな消費と豊かさについてのニセの物語の量産。この上もなく悪い夢の進行と、現実の虚構化と虚構の現実化。しかしこれ以上は言わない。何を言っても無駄だ。悪い夢から醒めたと思っても、また別の物語が取って代わっただけだから。こうして「治人夏物」、「治人冬物」と記されたダンボールの箱は、私の記憶の中で、一九八八年秋という特定の時代の刻印を帯びることになった。

ダンボールのマジックの文字は、夫にすべてを捧げた妻の献身だけではなく、残酷な犠牲をも、夫の妻への甘えをも表している。しかし、それがこの夫婦の生活だった。二人は二十七歳の時に結ばれた。同じ動務先で知り合い、耕治人が執着して何とか結婚にこぎつけたようだ。「両親、兄弟を肺病で亡くしたことを話し、結婚してくれ、と言った。彼女は誰とも結婚する気はない、と言った。しかし私は自分でもどうしてかわからず彼女を求め、ようやく折れてくれた」。三年経って、夫は小説のようなものを書き出す。妻はそれを見て黙って新聞広告で職を探し、働いた。その後、夫は反戦運動家の濡れ衣を着せられ、五十日間留置所に入れられたが、その間彼女の支えで救われる。以来、夫は八十になるまで妻に生活の一切を任せ、小説を書きながら好きなように生きてきた。自分の下着のありかさえわからない、勝手で、横暴で、駄目な生活。男は妻の献身に甘え、女は日常の生のすべてをひき受け、一緒に年を取った。七十を過ぎてから、妻は自分の部屋が欲しいと言うようになった。妻は言う、「その部屋で、自分の好きなことをしていたいの」。しかし夫はそれに応えることができない。「私のため、すべてを犠牲にしてきた家内のその言葉は哀れで、彼女の望みをかなえてやりたかったが、部屋を建て増すだけの収入が私にはなかった。家内の働きで、ようやく暮しが成り立っていたのだ」。自分の部屋で彼女は何をしたかったのか。考えてみれば、このあたりが区切りだったのかもしれない。自分の死を間近に置き、体力の衰えに順応し、これまでと違う時間を生きること、要するに、彼女の晩年を生きるための区切りが、自分の部屋を求めることだったのかもしれない。しかし彼女にはついに別の生の時間は訪れなかった。結局、彼女の献身は八十三歳の作家の死まで続いた。最後の最後まで夫に作品を書かせ続けるという仕方で。

二人の生活は、八十歳を越えたあたりからくずれ始める。最晩年の二人の暮らしを象徴的に表す二つの言葉がある。「どんなご縁で」と「そうかもしれない」。いずれも小説のタイトルとして使われている言葉だが、私にはそこにこそ最晩年の二人の生活が凝縮されているように思われる。

「どんなご縁で」(『新潮』一九八七年十一月号)という作品の第二章はこのように始まる。「近くのR病院に、診察を受けさせるため家内を連れていったのは、洗濯機を扱えなくなってからのことだから、遅すぎたかもしれない」。前に書いたように、妻の痴呆症は洗濯からやってきた。そして、洗濯と一緒に風呂からもやってきた。風呂好きの彼女は、もう一人で入ることも出来なくなっていた。家を出たきり戻らない。おむつも必要になった。夫は出来る限り妻を介護するが、徐々に役所や施設の世話になるようになった。しかしそれにも限界がある。結局、特別養護老人ホームへの入所願いを提出することにした。そんなある夜、夫は隣で寝ていた妻がベッドから落ちた物音で目が覚めた。抱き起こそうとしたがむずかしい。「二、三度こころみたあと、どうしたらよいか寝巻の裾の方をぼんやり見ていると、静かに流れ出、畳を這い、溜りを作った。／呆然と見ていたが、これも五十年、ひたすら私のために働いた結果だ。そう思うと、小水が清い小川のように映った」。彼はベッドの縁に腰掛けた妻を、手ぬぐいを絞って腰から脚の爪先まで拭き始めた。すると妻は、夫を見てつぶやく、「どんなご縁で、あなたにこんなことを」。

「そうかもしれない」（『群像』一九八八年二月号）の最初の文章。「入院したころは上の入れ歯と下の入れ歯をかみあわせると、飛び上がるほど痛かった。それで痛み止めの薬を貰い、食事の三十分前に飲んだ」。この痛みは、口腔内のガンからきていた。彼は妻が老人ホームへ入所した後、入院し放射線治療を受ける。車椅子での移動、エレベーターの恐怖、ベッドでの日常、点滴、ポータブルトイレ、胃カメラ、入れ歯、そしてガンとの闘い。彼は一時危篤状態に陥るが、一命を取り留める。そのうち何とか一般病棟に戻れるところまで回復する。妻に会いたいという一念が、この老作家の身体を支えたのだと医師は言う。看護師さんは、「よくなりたい熱意で、この部屋に戻れたんだわ」とつぶやく。やがてよい知らせが届く。妻と会えるという。ある日妻は付き添いの者と一緒に見舞いにきた。時計は午後の三時四十分。彼女は彼の知らないよそ行きの着物をきて、元気そうに見えた。作家はその時の彼女の様子を次のように書く。「家内はニコニコし、なにか喋っている。入れ歯がないせいもあって、なにを言っているのかわからない。このことは信夫も言っていたし、Yさんも言っていた。／私は家内の手を握っていたが、冷い。やはり涙はとまらない。鼻みずを拭くため、細長いテーブルにのっていたティッシュペーパーを、箱から引張り出そうとしたら、残り少くなったせいだろう、うまく出てこない。家内がふところに手を入れ、紙をさがしている様子だ。ご婦人が気付いて、立上り、家内の袂から、鼻紙を出された」。その間、付き添いの者は何度も「この人は誰ですか」、「このかたがご主人ですよ」と彼女に声をかけた。彼女には目の前の人物が誰なのかわからないのではないか。再度、付き添いの者が「ご主人ですよ、ご主人ですよ」と繰り返す。すると彼女は、低いがはっきりした声で、「そうかもしれない」。しばらくして妻は帰った。時計は四時十五分。三十五分の一緒の生活はこうして終り、妻は老人ホームへ、夫は病室へ戻った。

それにしても、彼女の口から出た二つの言葉、「どんなご縁で」と「そうかもしれない」は何を言い表したものなのか。この二つの言葉は、二人だけの生活の歴史を表現しているのではないか。夫婦の生活には長くて深い歴史がある。二人はどうして一緒になったのか。二人はどのようにして生計を立てていたのか。長い戦争をくぐり抜け、二人はどのようにして暮らしてきたのか。二人は小さな生活をまもりつづけ、どのようにして晩年を迎えたのか。そして今、年老いた夫は、小水で濡れた年老いた妻の腰や脚を一心に拭いている。そこにあるのは、文字通り「二人の生」の歴史にほかならない。この「二人の生」の歴史を言い表すには、「どんなご縁で」としか言いようがないではないか。こうして、二人だけの生活の歴史は「どんなご縁で」という言葉に鮮やかに掬い取られた。

「そうかもしれない」の方はどうか。この言葉には多くの含意がこめられている。妻のこの言葉を聞いた時、耕治人はどう思ったのか。彼は、「私は打たれたように黙った」と書いている。今彼は入院していて、もはや以前のように妻の面倒をみることができない。もう面倒をみることができないのだから、ご主人ですよと言われても答えようがないではないか。妻は返答に窮して「そうかもしれない」と言ったのではないか。そう思って、夫は黙った。その夜、妻の言葉と表情がよみがえった。彼は妻が元気な時からその言葉を使っていたことを思い出す。「家内はふだんは言葉遣いが優しいが、時たま男のような言葉を使うことがある。『そうかもしれない』もその一つで、例えばある人と私がいさかいを起こしたとする。家内のほかそんなことを話す相手がない私はくどくど話す。なにも言わず聞いていた家内は、相手を批難することをしない。合槌も打たない。言うだけ言わせておいて、ただ一言『そうかもしれない』と低い、落着いた声で、突放すように言う。それで私は水でもかけられたように、しゅんとなってしまう」。あれは付き添いの者への返答だったのだ。うるさいから黙りなさいという返答。ただし、付き添いの者には無論通じない。その言葉はただ苦笑を誘っただけだった。「そうかもしれない、はないでしょう」。けれども、二人の生活に歴史があるように、「そうかもしれない」という言葉にも歴史がある。こうして、夫は妻がすべてを知っていたことを確信する。知っていたからこそ、あの時、夫の鼻水を拭くために鼻紙を出そうとしたのだった。

以上が「治人夏物」、「治人冬物」という言い方で私が記憶している、ある晩年の風景にほかならない。この風景は生の現実のそれであって、生のイメージとも物語とも表象とも何ら関係がない。それどころか、それはかえってそれらを壊すように働く。問題なのは、イメージや物語や表象ではなく、現実なのである。私たちの周辺には人生についての、老いについての、晩年についての多くのイメージや物語や表象が蔓延している。しかし、それらが私に響いてくることは決してない。それらはどこまでいっても生の現実の表現になり得ないからである。耕治人の文章は、イメージや物語や表象を排して、直接生の現実へと向かう。それゆえ、彼の作品はある戦いの描写でもある。現実との、そして、ロマンティークとの。

(95年3月号)

グレゴールとグレーテ
——カフカの倫理学——

松下竜一が彼の父の死に臨んで、こんな言葉を残している。「じいちゃんはな、ひょっとしておれたちのために病気になってくれたんじゃないかと、このごろふっと思うんだ」（『ありふれた老い——ある老人介護の家族の風景』作品社、一九九四年）。その時、彼の妻、洋子さんは「いったいどういうこと」と聞き返している。彼は次のように答える。父は本当に手のかからない人だった。ずっと眼が不自由だったことも、家族の者にさえ話さないできた。淡々とした家族の関係は、長い間、それなりに安定していた。だがこのままでは、「父を構ってやれなかった、世話を焼けぬままいかせてしまった」という後悔が残ったのではないか。だから、残された者たちのために、「どれ最後に少しばかり面倒をみさせてやることにするか」と父は足腰の立たない病気にかかってくれたのではないか。彼はそれに気づいて、「なんだか嬉しくなった」と言う。

松下竜一のこのような言い方、「病気にかかってくれて嬉しい」という言い方は、この本を読み終えた者にはごく自然に受け入れられる。にもかかわらず、そのような表現は、「ありふれた老い」という題名に反して、決してありふれたものではない。なぜか。通常、老後は厄介で面倒で迷惑なものと思われているからである。それは不安や怖れとともに語られる場合が多い。老後についてのこうした見方は、年齢を問わず、多くの人々に共有されているように思われる。ところが、松下の言葉は、そんな通念をらくらくと越える。彼の生活に格別の余裕があるからか。そうではない。肺に致命的な欠陥を抱え、年収二百万に満たない生活に余裕などあるはずがない。事情は逆である。余裕のなさが、弱さが家族の助け合いを強め、相互の正確な認識をもたらした。この記録に漂うユーモアは、その所産である。このようにして、松下竜一は「病気にかかってくれて嬉しい」という言い方で、老後についての一般的な通念を壊し、生の別の終り方を示した。

けれども、言うまでもなく、松下竜一のような家族関係がある日突然実現するといったものでは決してない。それにはそれなりのプロセスというものがある。つまり、当然、物事には始まりがあって終りがある。このことは、われわれの老後においても例外ではない。耕治人夫婦の晩年は、この夫婦の始まりを抜きにしては考えられなかった（本書「治人夏物・治人冬物」）。どのように結びついているかは別にして、私の過去があって、私の現在がある。四十歳に愛されなかった者が、二十年後に突然愛されるとは考えにくい。それゆえ、どのような老後を迎えるか、どのような晩年を生きるかは、今の生のあり方次第ということになる。現在をどのように生きるかが、結局は老後や晩年を生きることにつながってゆく。問題は、日々の暮らし方そのものにある。

田村隆一が六十五歳を迎えた時、こんな詩を書いている。

高島易断の占いによると
昭和六十三年のぼくは
喜悦運
適業は刑務官　解体業　葬儀社
この四、五年のうちに詩の仲間があの世に出かけてしまって
Aはテレビゲームに熱中している最中
Bはウイスキーのボトルを握りしめたまま
CもDも似たようなものさ
一億二千万が二十一世紀にむかって疾走するのなら
ぼくは1888の方へゆっくり歩いて行ってやる

この「1888」という詩は、田村隆一というすぐれた詩人のパーソナル・ヒストリーの書『ぼくの

ピクニック』（朝日文庫）のエピローグに置かれたものである。因みに、一八八八年は大日本帝国憲法の発布の前年に当たる。ここから、一九八八年までの百年の歩みを逆に歩むこと、「科学の不可逆性」とは異なる「芸術の可逆性」によって、歴史を遡ることが、六十五歳を迎えたこの詩人の覚悟となる。この覚悟を詩人は次のように書く。「そこで近く配給されるだろう養老年金を前借して、緑の木陰でタバコを一服。ひと休みしたら、足をひきずりながら、背中にはりついている肉眼をたよりに、手探りでピクニックをつづけよう」。時代に逆らって、そのことで時代に働きかける、そんな素敵な年の取り方があってもよいのではないか。私もまた、時代に遅れることで、その遅れを通して捉えたものを時代に送り返すことによって年を取っていきたいと考えている。

それにしても、年を取るとはどういうことか。子供時代があり、青年になり、壮年を生き、やがて老後がやって来る。しかし、そんな自然の年齢の階段を自然的に生きることはむしろ不可能だと言ってよい。むしろ、われわれはその階段を一段ずつ昇るのではなく、時に昇ったり時に降りたりしながら、年齢を重ねていくのではないか。

古井由吉に「年を取る」と題されたエッセイ（『日や月や』福武書店、一九八八年、所収）がある。その中の一節。「歳月に沿って人は年を取っていく。これは尋常な考え方である。少年が青年になり、青年が中年になり、中年が老年になる。ということは、青年はもはや少年でなく、中年は青年でなく、老年は中年でない、と通常考えられる。そう決めていかなくては、世のもろもろのいとなみに、始末がつかなくなる。いかめしく言えば、やむを得ぬ擬制である。／しかし現実には、過ぎたものは存在しなくなるのではない。たとえば五十男は同時に四十男であり、三十男であり、二十代の青年であり、十代の少年であり、三歳の童児である。それればかりか将来を先取りして、六十、七十の老人でもある。じつにさまざまの年齢が併存している。もともと始末の悪い全体なのだ」。もしそうだとしたら、各人はこの「始末の悪い全体」を日々生きていくしかない。晩年といい、老後といっても、結局、今のこの私を生きること、四十歳なら四十歳の、六十歳なら六十歳の現在の生を生きること、それがもともと「始末の悪い全体」としてのわれわれの年の取り方だということになる。さてそれでは、各人はそれぞれの現在をどのように生きるべきか。どのように日を繋げて、どのように日を渡っていくべきか。

このような「始末の悪い全体」を生きるわれわれの暮らし方を考える時、家庭という生活の場所に触れないわけにはいかない。誕生から死に至るまで、人生の中で家庭はきわめて重要な意味をもつ。通常、人はそこで生まれ、そこで死ぬ。最初に取り上げた松下竜一の家族の風景もその一つの例であろう。しかし、それと対照的な風景もある。ここでは、その典型的な一例として、家庭における日常の中の生と死の悲劇的なケースをカフカの『変身』（岩波文庫）を通して考えてみたい。

書き出しの文章は次の通りである。「ある朝、グレゴール・ザムザがなにか胸騒ぎのする夢からさめると、ベッドのなかの自分が一匹のばかでかい毒虫に変わってしまっているのに気がついた。彼は甲羅のようにかたい背中を下にしてねており、ちょっと頭をあげると、褐色の腹のせりあがっているのがみえた。弓なりになったつっかえ棒のような幾つもの環節で仕切られていて、その頭のてっぺんには、今にも布団がごっそりずり落ちんばかりになりながら、辛うじてまだふみとどまっていた。たくさん生えている足は、ありし日の大きさにくらべたらなさけないほどかぼそくて、それが彼の眼のまえに頼りなげにちらついていた」。この作品は、カフカの二十九歳のときのものであり、本質的な家庭小説と呼んでよいものだ。この小説の中でカフカは、ある朝「なにか胸騒ぎのする夢からさめる」と、毒虫に変わっていたグレゴールと彼の家族、両親と妹の日常を詳細かつ精密に描写する。この兄の変身の朝から始まり、彼の死、そして一家で郊外へ向かう電車のシーンで終るこの小説において、ザムザ家を突然襲った運命は喜劇的な関係として語られる。

しかし、なぜ悲劇的ではなく喜劇的なのか。確かに、実際に起こった事態は悲劇以外の何ものでもないし、それが家族にもたらした不幸もまた悲劇的としか言いようがない。しかし、カフカの描き方に注目していただきたい。特に、グレゴールと他の家族の者たちとの関係に注意していただきたい。毒虫に変身した兄は、身体全体が虫になったばかりではなく、人間の言葉を奪われ、彼の側からの自発的なコミュニケーションの道を断たれてしまう。これに対して、妹をはじめとする家族は、毒虫になった兄をあくまでも虫として、単なる毒虫として扱う。それゆえ、両者の関係のあり方は、人間と動物、言葉を持つものと言葉を持たないもの、人間の身体と毒虫の身体という対立的な関係として示される。しかも、働きかけは常に一方的であり、毒虫に変わってしまった兄からの働きかけは危険なものとして拒絶、あるいは、否定されるのみである。

だが注意してほしいのは、この虫は思考や感情まで奪われたわけではないという点である。今や虫であることには違いないのだが、依然として兄は兄なのである。毒虫であるところの兄は、これまでと同じように、いや今までの彼以上に思い感じることができる。実に細かに家族の様子をうかがい、仔細に観察し、家族と一緒に悲しみ、一緒に喜び、そして、安堵し落胆する。しかもこれだけではない。両者には、もう一つ決定的な違いがある。それは、毒虫としての兄は自分を突然襲った災厄が誰にでも起こりうるということを知っているが、他の家族の者はそれを自分たちの世界とはまったく無縁の出来事と思い込んでいる点である。そこにこそ、両者の本質的な違いが認められる。つまり、グレゴールが外の世界からだけではなく、家族からも決定的に孤立するのは、この差異によってなのである。

なるほど、毒虫としての兄の不幸は、家族の不幸でもある。だがその不幸は、妹にとっての、父親にとっての、そして母親にとっての兄の不幸なのであって、兄そのものの不幸かどうか疑わしい。それが単に彼らにとっての兄の不幸ではなく、兄自身の不幸であるためには、それぞれがまずあの災厄が自分たちにも起こりうるということを知っているのでなければならない。要するに、兄の不幸を自分の不幸として感じ取ることができたときに、初めて兄自身の不幸が現れてくるということである。しかし、ザムザ家の人々からは、グレゴールを襲った災厄がいつか自分たちの身にふりかかるかもしれないという、その「かもしれない」の可能性は初めから排除されている。だからこそ、妹と両親はこれまでの自分たちの世界の存続をいささかも疑わない。彼らにとって、グレゴールの出来事は悪夢にすぎない。確かに、この夢はこの上もなく悪いものではあるが、夢である以上はいつかは醒める。では、いつ醒めるのか。それは毒虫に変わったグレゴールの死とともにである。毒虫としての兄が消えれば、この悪い夢もまた消える。変身は彼らの世界において決して起こり得ないからである。

このように、変身という事態はグレゴールの立場で見るか、それとも、妹や両親の立場で見るかによって、ずいぶん違って現れる。グレゴールにとっては、言うまでもなく、それは自分自身に起こっている異常事態であり、拒絶も否定もできない現実そのものにほかならない。今や彼は、この現実を自分の世界として生きていかざるを得ない。これまでの世界は崩壊し、もはやそこに戻ることは出来ないからである。ただここで決定的に重要なのは、そのような事態が誰にでも起こりうるということを知っている点である。「『あすこの中で、何か落っこちましたな』と支配人が左隣りの部屋でいった。グレゴールは、ひょっとして今日の彼と同じようなことが支配人の身にもいつかおこりはすまいかと、空想してみた。そういうことが起こらないとはだれにも予断できない」。これは、仕事に来ないグレゴールのところに駆けつけてきた支配人に対してグレゴールの思っていることであるが、他の人々にも同じように言える。

これに対して、妹と両親にとって、変身という事態は自分自身の世界の崩壊という仕方では起こらなかった。これまでの家族の生活は成り立たないにしても、彼らの現実そのものが根本的に変わったというわけではない。変わってしまったのは兄であって、兄だけが別の世界、あの毒虫の世界に行ってしまったのである。ただし彼らの生活もまた、この変身によって影響を受けざるを得ないことは言うまでもない。しかし、それにもかかわらず、彼ら自身の世界は変化することはない。なぜか。兄のような事態が自分たちの世界でも起こりうるとは考えられないからである。それゆえ、妹と両親において、彼らと兄との関係の逆転は決して起こらない。彼らの世界と兄の世界とは、どこまでいっても別々なままだからである。けれども、グレゴールの場合はそうではない。世界の崩壊は誰にでも、いつでも、どこでも、起こりうるということを今や体験として知る彼にとっては、妹や両親との関係は、いや、彼らとの関係だけではなく、支配人や同僚との関係においても、逆転しうるのである。もしかしたら、他の人々にも現実そのものの変化としての毒虫への変身が生じるかもしれない。そうなれば、関係は逆転するのではないか。そして、私はこのような関係の構造に喜劇性を見る。

けれども、関係の逆転がなぜ喜劇的なのか。喜劇的としか言いようがないではないか。グレゴールは毒虫になって既に久しい。虫としての経歴では他の者と比較にならない。足の使い方にせよ、物の食べ方にせよ、天井を這うという遊びにせよ、他の追従を許さないはずである。そこへ、いわば虫に成り立ての妹や両親が登場したらどうなるか。虫の世界においても、素人とベテランとの違いは実に厳しいものがあるに相違ない。今度はグレゴールが彼らの面倒を見ることになるだろう。つまり、関係はまったく逆転する。今度は、妹や両親が不安と困惑のなかで彼ら自身を捉え直さなければならない。今度は、彼らが最初に毒虫としての兄に対して感じた恐怖は、彼ら自身に対する恐怖として現れる。私はそのような関係を、後藤明生に倣って、喜劇的と呼びたい。カフカは、このような逆転可能な喜劇的関係を、実に巧みに表現することに成功した。

ところで、この喜劇的な関係は、実はわれわれの現実そのものではないか。それこそ、われわれが日々生きている関係そのものであり、世界の構造そのものなのではないか。今や、グレゴールはそれを深く知った。けれども、他の人々はそうではない。もはや説明するまでもないが、彼らには、それぞれの現実は揺るぎない強固な織物であり、その崩壊も変貌も可能性の中から予め除外されているからである。だから、彼らにもし何かが起こったとしても、それは現実の出来事ではなく、あくまでも非現実的な、異常事態でしかない。このような理由で、妹や両親は兄グレゴールの変身を何かの間違いとして、あってはならぬ災厄として、彼らの現実の生活の中から隔離することが出来たのである。要するに、毒虫としての兄の監禁と排除に成功したのである。その結果、グレゴールは非現実性の中で死んでゆく。彼の死は、もちろん彼自身の死であり現実の死そのものなのだが、家族の者にとっては、兄の死というよりも、毒虫の死にすぎない。毒虫がいなくなったことが、グレゴールが死んだことなのである。

では、妹と両親がグレゴールの陥った状況に近づくためには何が必要なのだろうか。それにはまず、一度自分たちの現実を手離し、その世界を変貌させなければならないはずである。また、彼ら自身の日常の生を内部から疑い、曖昧さの中で現実と接触する手段をもつ必要があったはずである。そして、そのことを通して、現実世界の喜劇的構造を認識する必要があったのではないか。そうすれば、グレゴールとの関係は逆転し、彼の苦難は自分たちの現実と地続きのものとして現れてくる。少なくとも、毒虫としてのグレゴールが別の世界にいるのではなく、彼らと同じ世界を生きていることに気づくことが出来たはずである。ここまで来ると、グレゴールが非現実を生きているのではなく、まさに現実そのものを生きていること、またその苦悩も悲しみもやはり現実のものであることを理解するのは、さほど困難ではないだろう。しかし、『変身』の作者はザムザ家の人々をそのようには描かなかった。作者の狙いが、関係の交差よりも断絶に向けられていたからである。

以上のことを今度は、グレゴールと妹グレーテとの関係を中心にしてもっと具体的に見ていこう。ここで簡単に、予め一つの問題を提出しておく。後で述べるように、『変身』の第三章で彼女は、グレゴールに対して、次のような最終宣告を下す。「……あれがグレゴールだなんて考えだけはきれいさっぱりとすてなくちゃだめ。私たちがながいことそう信じてきたっていう、そのことがそもそも私たちの不幸なのよ。だって、どうしていったいあれがグレゴールだっていうの。あれがグレゴールだったら、もうとっくの昔に、こんなけだものと人間との共同生活なんか不可能だとみこして、さっさと自分から出ていっちまってるわ。そうすれば、兄さんはいなくなっても、私たちは生きのびられるし、兄さんの思い出を大切に胸にしまってもいられることよ……」。妹グレーテのこの言葉をよく読んでみると、花崎皋平の言うように、次の二つの推論に分解できる。

(1) もし毒虫に変身した兄がもはや兄ではないとしたら（今は虫なのだから）、それを追い出してもかまわない。

(2) もし毒虫に変身した兄が虫ではなく、依然として兄であるとしたら、兄は家族と一緒に生活することができないと悟り、みずから家を出て行くに違いない。

以上のように、グレーテの二つの推論の結論はいずれも毒虫としての兄を追放せよというものであった。しかし、こうした二通りの対処の仕方しかあり得ないのだろうか。別の可能性は考えられないのだろうか。もしありうるとすると、毒虫としての兄と一緒に暮らしていく方法とはどのようなものだろうか。

花崎皋平はグレーテの論理に関して、「三人称としてのわたしと世界」（『風はおのが好むところに吹く』田畑書店、一九七六年）において、次のように言っている。「この妹の論理は、未知のものを最大限、既知のものに還元し、わたしの兄ならば、また人間であるならば、『汝』はこうあるべきだ、ところが『汝』はそうではない、ゆえに、わたしと『あれ』との関係は、『汝－汝』関係の親密さから排除されるべきである、そこには共同のものはなにもない、と考えるのである」。ここで花崎が、森有正に倣って、「汝－汝」関係と呼んでいる関係とは、私とあなたの二人称の関係の本質とみなされた「私的二項」関係のことである。どういうことか。まず「汝」というのは、私にとってのあなたを表すが、このあなたから見ると、私の方もまた「汝」にすぎない。つまり、私とあなたの二人称の関係の中では、どちらか一方は必ず「汝」なのだから、「我れ」というものはむしろ消えてしまい、「我れ」と「汝」との関係は「汝‐汝」関係に変化するというのである。「私」が意味をもつとすると、それはあなたにとってであり、「あなた」が意味をもつとすると、同じくそれは私にとってである。それゆえ、「私」も「あなた」もいずれも自分自身のうちに存在の根拠をもつことなしに、互いに他に依存する。そうした依存関係を突き詰めていけば、「私的二項」関係としての「汝‐汝」関係にならざるを得ない。そしてこの関係は、親密性、相互嵌入性、垂直性を特徴としてもつがゆえに、「三人称的他者の関係を排除し、唯一人だけを『汝』としてもつ」。

「汝‐汝」関係を今、グレゴールとグレーテとの関係によって、具体的に考えてみるとどうなるか。グレーテから見られた兄、グレゴールは、一家の中心であり、彼の収入なしには家族の生活は考えられない。また彼は、十七歳の彼女の将来を左右しかねないほど、グレーテにとって大事な兄なのである。音楽学校への進学は、この兄の稼ぎ次第だからである。そして、一言でいえば、善き兄なのである。これが「汝」としてのグレゴールであるが、その兄は今や固い甲羅をもつ毒虫に変わっている。しかし毒虫としての兄は、もはや兄ではない。だから、それはどうしても兄と妹の二人の関係から排除される必要がある。では、グレゴールから見られた妹の方はどうか。優しくて、しっかりしていて、しかも色々な才能に恵まれている。特に、音楽の才能はすばらしい。それに何よりも兄思いだ。虫になった彼に対してでさえ、両親に代わって、恐怖をおさえながら、食事と掃除の世話を焼いてくれている。今でも、グレゴールはこの妹が唯一の頼りなのだ。けれども、彼は彼女のことを以前のように考えているわけではない。彼が昔の彼でないように、グレーテもかつてのグレーテではない。毒虫に変わったグレゴールにとって、妹はもはや「汝」としてのグレーテではあり得ない。彼は「汝」としての妹ではない彼女と、昼に店員として働き、夜には速記とフランス語を学ぶ彼女との新しい関係を望んでいるが、グレーテの方はそうではない。

問題は、兄と妹との新しい関係がいかにして可能かということにある。それが可能であるためには、グレーテはまず、グレゴールを「わたしにとってのあなた」として見ることを止めなければならない。彼女は、毒虫になったグレゴールでさえ「汝」化している。もしあれが兄であれば、自分の方から出て行くにちがいないという言い方は、このような「汝」化の所産である。彼女は自分から見られたグレゴールではなく、別の兄、第三者から見られたグレゴールを新しい兄として承認する必要がある。この承認によって、両者は別の関係の入り口に立つことが出来たはずである。そうすることで、毒虫に変身した兄の苦しい状況を、とりわけ、その苦悩を分け持つ可能性を手にすることが出来たはずである。

何も苦悩だけというのではない。グレゴールのこんな新しい楽しみ方を学ぶというのはどうだろうか。「食事ももうこの頃は一向にたのしみにならなくなってしまった。そこで彼は気晴らしに一つの習慣をとりいれた。壁や天井をたてよこ十文字に這いまわるという習慣である。とりわけ天井からぶらさがっているのが気に入った。それは床の上に腹這いになっているのとはうって変り、楽に呼吸ができるし、かるい振動がからだ中に伝わってきた。そうやって空中高く遊んでいると、ほとんど幸福といってもいいほどうっとりとよい心持ちになって、ついうっかりからだを離して床の上へバタリとおっこちて我ながらびっくりすることもあった」。グレゴールは、毒虫に変身して三カ月ほどでそのような習慣を身につけた。ということは、時間さえかければ、もっと多くの身体の使い方を修得することができるということだ。だいいち、兄の幸福を間近で感じ取れるのだから、この際、今までの自分を捨てて、別のグレーテに変身するというのはどうか。家族の生活のことは、それはそれで何とかなるのではないか。現に、三人の働きでどうにか暮らしているではないか。

グレーテにも、このような可能性が開かれていなかったわけではない。彼女は、グレゴールの「新機軸の慰み」にすぐに気づいて、邪魔になる家具を片づけさえしているからである。だが、こうした気づかいもまた、「汝」としての兄との関係を組み替えるまでには至らない。グレーテに求められているのは、親密な二項関係からの脱出である。グレゴールを「汝」から解放し、「三人称としての他者」として生かし、そのことで、自分を今までの兄から見られた妹ではなく、「三人称としての他者」としてのグレゴールと一緒に生きる別の「わたし」へと変貌させることである。問題は、そのための変身の論理の構築と新しい生活のためのエートスの修得である。しかし、一瞬開かれた可能性はすぐに閉じられ、再び「汝」の論理が彼女を支配する。

実は、『変身』の登場人物のなかで、そのような論理とエートスを持つ可能性のある者が一人いる。

それは、グレゴールの死の発見者、あの「せかせかと力いっぱいドアを片っぱしから叩きつけるように閉める」お手伝いのお婆さんである。面白いことに、このお婆さんだけは、「グレゴールにはちゃんと人間並みに物事すべての分別があるものと思いこんでいる」。だから、グレゴールとのやり取りは、彼女なりの仕方でまともである。この婆さんにふさわしく、毒虫としてのグレゴールに対する態度は決して丁寧なものではなかったが、家族の者とは違って、そんなグレゴールをむやみに怖れることはなかった。

お世辞にも上品とは言えない、このお婆さんによるグレゴールの死の報告の場面は、次のように描かれている。「で、ちょうどその時長い箒を手にしていたので、その箒でドアのところからちょいとグレゴールをくすぐってみた。それでもなんの効果もあらわさないものだから、婆さんいささかむきになって、今度はひょいとグレゴールを突っついた。すると、グレゴールはなんの手ごたえもなくずるずるとその場から押しやられるばかり、これをみてやっと婆さんもはてと感づいた。やがて、事の次第がのみこめると、彼女は目をまるくして、おもわず口笛を吹いたが、さて、ぐずぐずしてはいられない、寝室のドアをさっと開いて、暗闇にむかって大声をはりあげた、『そうれまア、みにきてごらん、くたばってますで、あそこに、ほれ、すっかりもう、くたばってますで！』」。

結局、このお婆さんがグレゴールの死体を片づけるのだが、その頃、ザムザ家の人々は欠勤届けを書くのに忙しい。父親は銀行の重役宛てに、母親は内職の注文者に、そしてグレーテは店の主人に。三通の欠勤届は、グレゴールの死んだ日、彼らの休養と散策に使われる。こうして、グレゴールとザムザ家の人々との喜劇的な関係は、現実の関係に変わることなく、非現実の領域に押し込められたまま、悲劇的な結末を迎えるに至る。妹と両親の三人は、電車に乗って郊外に出かける。カフカは次のように書いている。「かれら三人しか乗っていない車中をぽかぽかした陽射しがいっぱいに照らしていた。三人はゆったりと座席によりかかりながら、行くすえの見通しをあれこれと語りあった。詮じつめてよく話しあってみれば、これからさき、一家はまんざら悪くないにちがいないことがわかってきた」。そして、一番最後にカフカは書く。「降りるところまできて、娘がまっさきに立ちあがり、若い肉体をのびやかに動かしだすと、夫婦にはそれが、まるで自分たちの新しい夢と善い意図とをたしかに保証してくれるもののように思われた」。

これが悲劇でなくて何であろうか。だが誤解しないでいただきたい。カフカが書こうとしたのは、そんな悲劇ではなく、喜劇的な関係、すなわち、われわれの生の現実そのものだった。そして、『変身』の狙いが悪い夢から醒めて、次に、「新しい夢と善い意図と」を生きるザムザ家の人々を描くことにあったのではないと改めて言えば、もはや蛇足というものだろう。

（95年4月号）

情熱の行方

父親たちには奇妙な情熱があるらしい。

私は三年前の夏から、バプテスト病院の近く、市バスの終点のあたりに住んでいる。銀閣寺道の交差点から歩いても、十分ほどのところなので、山に囲まれている割りには比較的便利な場所だ。休みの日には、よく散歩に出かける。途中、公園があれば、そこに立ち寄る。子供連れだとどうしてもそうなる。すべり台からブランコへ、ブランコから鉄棒へ、フルコースということになるのか、一通り終えるまで離れることができない。私と妻はベンチに腰掛け、子供の姿を眼で追いながら、おしゃべりを楽しむ。話題はもっぱらここにやって来る人々について。公園にはいろいろな人々がいる。子供たちが多いのは当然だが、親たちの姿も少なくない。私たちのように、家族連れもあれば、母親と子供たち、父親と子供たちという組み合わせも多い。もちろん、老人も若い人もいる。同じ公園に何度も行っていると、同じ顔と会うこともある。向こうもそうだろうが、顔は知っていても、挨拶も会話もなく、ただ姿を何となく確認するだけだ。

ラジカセおじさん、私たちは勝手にそう呼んでいるのだが、一人の初老の男性とも何度か一緒になった。まず、ラジカセに驚かされた。公園の一角で、昔風の頑丈な自転車の荷台の上から大きな音がする。自転車には生活道具らしきものがいろいろぶら下がっている。どれも派手な色目の風呂敷で包んであるので、遠くからでも眼につく。しかも、大きな音に合わせて、これも派手な服装でその初老の男が踊っている。派手な服装と書いたが、そう言ったのでは感じがでない。たくさんの色があり、服ではありえないような組み合わせ。また、踊っていると書いたが、やはりこれも少し違う。跳ねて、両手はばらばらに上下左右にひたすら振る、アンバランスに、アンバランスに。カフカのような作家ならば、どのように描写するだろうか。音は歌である。アイドルの歌声が響く。私には誰の何という歌であるかは解らないが、歌詞や歌い方で若い女性アイドルであることは間違いない。身体が揺れる。服が一層目立つ。面白いことに、子供は誰一人近づかない。親たちはあえて無視しているのか、見ようとさえしない。あるいは、毎度のことなので、慣れてしまっているのか。初め、私たちは驚いて、ただ眺めていた。

私の子供は、黙って見ていた。いつもそうなのだが、最初は動物のように人を警戒する。いや、子供も動物なのだから、それも当然か。安全だと解るまで、警戒をゆるめない。私と妻がベンチに腰掛けても、やはり観察を止めない。そのうち、子供は警戒を解き、自転車の方に近づいて行った。男は同じように身体を揺すっていた。子供は笑ってそれを見ている。おじさんは踊る。やがて、テープの歌が終り、動きは止まり、静かになった。座って見ていた私は、もう気づいていた。男は汗をふき、着替えをする。それから、パンを取り出して食べだした。私の子供もそれをもらって食べている。公園の時間は、おじさんの生活時間の一齣なのだろう。歌と体操の時間、簡単な昼食と休息の時間、今初老の男は、タバコの煙を深々と吸い込んだ。一人で踊り、一人で食べ、一人で休む。長い時間をかけて喫った一本のタバコの火が消えると、昼の休息が終る。子供は、私たちにパンを示しながら、こちらの表情を確認してから再びそれを噛った。おじさんは、自転車に乗って消えた。それにしても、あんなに荷物をつけて、よくも器用に乗るものだ。いなくなってみると、何ということもない。ただ、服装とラジカセとアイドルの声と大音響の不思議さだけが残った。その後何度か一緒になって、そんな不思議さもなくなった。むしろ私は、感心していた。いつも、一人で踊り、一人で食べ、一人で休息を取る、その姿に。

私の子供は、ラジカセおじさんには驚かなかったが、別の父親には決して近づかなかった。その男は、子供連れで公園に来ていた。年齢は、私よりも若いだろう。子供たちにバットを持たせ、本人はボールを投げる。真似事とはいえ、狭い公園内での野球ははた迷惑なのだが、本人は気づかないらしい。子供たちはもとより、三十代のこの父親も夢中なのである。父親が投げたボールを子供たちが打つ。飛んだ飛ばないというだけでは物足りないのだろうか、そのうち父親はバットを構えて立つ子供たちの顔をめがけて投げ始めた。ボールといっても、テニスボールのようなものだから、危険はないといえばない。

しかし、その勢いを考えると、子供たちが顔を押さえて泣きじゃくるのも解る。「どんな球でも打てなあかん。どんな球でも避けなあかんのや。ええか、もういっぺん」。やはり、危険なのではないか。再び、父親の声、「なんで打てへんのや。……どうや打てへんやろ」。声が次第に熱を帯びる。熱が火つけ役になって、手に力が加わる。子供の顔を直撃したボールが大きく跳ね返る。子供たちは泣いていた。かつてよく休日に見られた光景、とんでもないボールをストライクと言って、子供に返球する父親。それを照れくさそうに受け取る子供。ここには、そんなボール遊びのたわいなさのかけらもない。ここでは、遊びが単なる遊びでなく、真剣な遊びの恐怖すらあった。「何やそれぐらいで。真剣にやってないからや。もう一回、もう一回」。遊びはとうとう遊びではなくなった。それにしても、真剣に遊ぶというのも妙なものではないか。

びっくりしたね。おどろいたね。こわいね。子供が私のところに駆け寄って来て、表情でそう言う。溜息がでた。こわいね、私がそう言葉を重ねると、今度はすべり台の方へ走っていった。そこは、あの危険性からもっとも遠い場所なのである。

別の日に、今度はこのすべり台の近くで、別の危険性を見た。それまで、ここで遊んでいた男の子が、四歳ぐらいだろうか、走って自分の父親の元に駆け寄る。公園に来る父親の恰好は、私のそれを含めて、およそ似たようなものなのだが、この子の親は違っていた。おしゃれなのである。これも三十代半ばぐらいか、若々しい今風のスポーティな服装。趣味のよい、と書きかけて思い出した。趣味は決してよくはないそうだ、私の妻によると。「あれは恰好をつけているだけ。おしゃれではない」。そう、彼女は私の意見を修正した。私の子供は、初めこの子と一緒にすべり台で遊んでいたのだが、男の子の方は私の娘に何かを見せたかったのかもしれない。突然父親の元に駆け寄ったその子は、「ゴレンジャー遊び」、「怪獣遊び」と言って、父親にしがみついていった。ここまではよくあるシーン。絡み合ったかと思ったら、急にどなり声が聞こえてきた。「誰がゴレンジャーで、誰が怪獣なんだ。はっきり言ってみろ。なに、よし、じゃ、おとうさんが怪獣なんだな。それでいいんだな」。父親は、子供にかかって来い、と言う。言われた通りに、男の子はかかってゆく。「怪獣は強いんだ。見てみろ。来い、立ち上がれ。立て、立て」。凄まじいのである。かかっていった子供は、思いきり地面に叩きつけられる。無理やり立たせ、かかって来いと言う。今度は大人の力で頭を押さえられ、押しつぶされる。子供は泣いていた。無理やり引きずり、また立たせる。同じ事が繰り返される。子供がかかって来ないと、自分から向かってゆく。子供は泣きじゃくり、動こうとしない。「誰がゴレンジャーで、誰が怪獣なんだ。見てみろ、怪獣は強いんだ。わかったか」。それから、父親の説教が始まった。

私たちはただ見ていた。初め、父と子の二人だけと思っていたのだが、奥さんもいたらしい。この女性は二人を遠巻きに眺めていた。まるで、私たちのように。腕を組んでいた。黙って見つめていた。決して近づこうとしなかった。父親の説教の声が響く。「誰がゴレンジャーで、誰が怪獣なんだ。一度決めたことは守れ。自分で言ってみろ、誰がゴレンジャーで、誰が怪獣なんだ」。「一度決めたことは守れ」、この言葉を残して、彼らは公園を出て行った。

公園にはいろいろな人が来る。いろいろな人がいる。子供たちがいる。母親たちがいる。そして、男たちがいる。最近はあまり見ない、ラジカセおじさんがいた。父親たちがいた。しかし、本当に父親がいたのだろうか。そこに父親という情熱はあったが、父親たちはどこにもいなかったのではないか。父親たちは奇妙な情熱に動かされているのではないか。父親という情熱に。あるいは、母親たちも同じかもしれない。あるいは、子供たちも同じかもしれない。母親はどこにもいなくて、母親という情熱だけがあるのではないか。子供はどこにもいなくて、子供という情熱だけがあるのではないか。これらの情熱は、どこに向かっているのだろうか。私には、あの二人の父親が痛々しく感じられた。無理をして遊んでいるのではないか。遊べないのに遊んでいるからか、それとも遊びたくないのに遊んでいるからか。そもそもなぜ、子供と遊ばなければならないのか。ゆっくり休むことができないものか。なぜあれほど一所懸命なのか。なぜあれほど夢中なのか。なぜあれほど真剣なのか。父親になったからか。父親にならなければならないからか。父親であるからか。私には解らない。繰り返しになるが、父親という情熱に動かされているのではないか。この奇妙な情熱はどこに向かっているのか。

私は昨年から、北白川の或る保育園に子供を預けている。今年の娘のクラスは十五名である。一度、こんなことがあった。妻が保育園に子供を迎えにいった時のことである。三人の子供が「キック、キック」と言いながら、娘を蹴っていたという。娘はうずくまって無抵抗だったという。三人の子供は、何度か制止されたが、それでも蹴り続ける。そこで彼女が無理矢理引き離して、やめさせた。私は、この話を彼女から聞いて驚いた。子供たちが制止を振り切って、蹴り続けたことが一つ。もう一つは、そこに何人かの親たちがいたということ。彼女の話によると、この親たちは自分たちの話に興じていたらしい。娘がいじめられていたのかどうか解らない。はっきりしているのは、三人の子供に蹴られていたということである。これが日常的に行なわれていたとすれば、機会さえあれば、今度は私の子供が蹴るかもしれない。

子供は子供を平気で殴る。子供は個体差が大きいため、力に差がありすぎる。ほとんどの場合、力の強い者が集団を支配する。保育園の子供たちを観察していると、サルの群れの方がましではないか、と思えてくる。子供たちは、大人と同様に、悪の要素をたっぷり抱え持っている。大人と異なる悪さえ持っている。しかも、たいていの場合、子供たちは自分の中の悪を知らない。ところで、子供について語るには注意が必要である。私たちが子供について語っても、それは大人が考えたことでしかないからである。せいぜい大人が、自分の子供時代を回想して作り上げたものでしかないからである。それは、子供の現実ではなく、想像としての子供、物語としての子供にほかならない。だから、大人の語る子供とは、大人が自分自身を考え、語る一様式なのである。そこには子供の現実はない。子供の現実を語るには、別の方法が求められる。しかし、ここでは、私の関心は子供たちにはない。その子供たちの親にある。子供を叱らない親がいる。目の前でとんでもないことをしている自分の子供を黙ってただ見ているだけの親。そんな子供たちに気づかないふりをしている親。子供にどなられて、謝っている親。堂々と文句を言っている子供と、うなだれている親。戸を開けて部屋に迎えに入ってきた親を「寒い」とどなる子供。たくましさと野蛮を取り違えている親。わんぱくと暴力的とを混同して喜ぶ親。ぞんざいな口のきき方をする子供とばか丁寧な言い方をする親。一体どうなっているのか。

その親たちが弁当の日に実にかわいいのを作ってくる。その親たちが保育園の行事に熱心に参加する。運動会に、夏祭に、バザーに。このように、親たちの情熱は見える活動に向かう。保護者会の活動には、七割の親がクラス委員として参加する。むしろ、参加しない者の方が少数者だ。もっとも、ここの保育園は保護者会の熱心な活動を誇りにしているらしいから、他の園では事情が違うのかもしれない。今年、保護者会の活動の趣旨としてこんな言葉を聞いた。「もっと群れようぜ。いろいろな顔を持とう。忙しいからこそ、もっと子供たちに関わろう」。実は、これらの言葉は初めてではなかった。朝日新聞の夕刊で一度目にしていた。見出しの言葉は、「男性学のすすめ」、また、「疲れ心をむしばまれた団塊の世代が立ち直る」(一九九五年五月二日)。企画報道室・吉川昌宏という方の署名があり、この特集記事の狙いは次のように言われている。「リストラのあらしをまともにかぶっている団塊の世代を立ち直らせる特効薬として『男性学』が注目されている。終身雇用・年功序列が揺らぎ、いま中高年男性の心をむしばんでいる原因は三つある。右肩上がりの経済を信じ込み、能力以上に突っ走って突然転んだ挫折感・疲労感。やがて来る高齢化社会に耐える経済力・体力があるかという不安感。元気な女性・若者から取り残されているという寂寥《せきりょう》感。これらを取り除き、自分らしさを取り戻そうというのが男性学である。

企業社会に過剰適応してきた仮面・よろいを脱ぎ捨て、アイデンティティーの確立でもある」。

ここにある言葉の半分以上は、私には使えない言葉である。これが本当にある世代の現実を表した言葉なのだろうか。いや、ある世代だけではなく、これらの言葉は個人の生の現実にほんの少しでも触れたものなのだろうか。人は、これらの言葉で言われたものを生きているのだろうか。ここにあるものは、諸個人の生の現実を考えるための言葉ではなく、今という時代を新聞や書物やテレヴィにおいて考えるための言葉なのではないか。要するに、これらは、メディアが、あるいは、「業界人」が自分たちの現在（現実ではなく）を考え、語るための言葉であり、様式なのではないか。その中でも、「元気な女性・若者から取り残されているという寂寥感」という言い方にはびっくりさせられた。元気な若者という言い方は別にして、元気な女性という言い方をする人は少なくないが、それで女性の現実の何が表現されているのだろうか。こういう言い方もまた、メディアや業界人たちの或る種の思考様式を表しているだけではないのか。

記事に、油谷雅治という方の生き方の紹介があった。四十三歳の彼は、「大学院修士課程まで進み、都市計画の研究に熱中した。卒業後、設計事務所に就職。何事も自分で処理し、判断力を発揮して解決していく設計の仕事はやりがいがあった。十年後に会社を変えたが、職種は変えなかった。創造力を発揮する設計の仕事が好きだったからだ」。私も同年齢だが、厳密には、世代論から言えば、四十三歳は団塊の世代からははずれる。それは別にして、油谷さんの仕事は、時には一日十時間以上にも及んだそうだ。家に帰るのは、寝るためでしかなく、子供のことをはじめ、家庭の事は奥さんに一切任せて、顧みなかった。彼自身の言葉、「あのころは、家の中も無茶苦茶。自分のことは棚に上げ、会社が悪い、人が悪いとののしり、しまいには体を壊すほど落ち込んでしまった。仕事量、プレッシャーに負けたんですね」。それが五年前、奥さんから渡された「子ども市」模擬店の食券がきっかけになって、子育てネットワークに参加することになり、変わっていったという。「そこで見たものは、生き生きしたお母さんたちの姿だった。一緒に後片づけしたあとの打ち上げも楽しかった。『子どもと遊ぶのも、ええもんやなあ』」。それから、一緒に参加した父親たちと「男も子どもにかかわろうという父親の子育てネットワーク」をつくった。「魚釣り、ハイキング。今年はバスを仕立ててスキーに行った。無理なつき合いはしない、押しつけはしないを申し合わせたことで、ストレスのかからない人間関係ができあがった」。

何が変わったのだろうか。別に油谷さんの言葉を疑っているわけではない。しかし私は、言葉の内容を疑っている。仕事の代わりに、ネットワークが置かれただけではないのか。なるほど、仕事とそれとは質が違う。いくら好きな仕事でも、仕事には変わりはない。それに対して、ネットワークは、自発的、自由意志に基づくものであり、利害関係とは無縁であり、関係の仕方も、集団の作り方も会社とは全然違う。だが、もっと掘り下げると、やはり疑いは残る。充足を自分の外に置いている点である。自己が自己において在るのではなく、他において在るという点では同じである。仕事や会社が、あるいは、そこでの人と人との関係が、別の関係に変えられただけではないのか。だから、もしかして、仕事がうまくいっていれば、そのまま仕事中心でやっていたかもしれない。どうしても、そんな疑念が残る。

変化が単に一つの関係から他の関係への移行でないとしたら、何が欠けているのだろうか。欠けているのは、孤立することであり、孤独を生きることである。ここには、孤立がない。仕事において自分を表すことの失敗は、この人の場合、他の関係への移行に置き換えられているが、どうしてそれが孤立に結びつかないのだろうか。彼の言葉によれば、仕事への関わり方は並ではない。どうしてそんな関わり方になるのか。普通ではないことができてしまうこと、考えられないことをしてしまうこと、そのことが孤立の中で問われなければならない。なるほど、そんな関わり方は誰にでもできることではない。私にはとうてい無理である。そんな才能もないし、情熱もない。一所懸命も熱中もない。しかしそれ以上に、他との関わりの中で、他との関わりにおいて、自己の実現がありうることを疑っているからである。自己は孤独のうちにしかないことを知っているからである。ただし、誤解しないでいただきたい。だからと言って、他との関係を拒んでいるのではない。自己が自己としてあることと、関係が関係として成り立つこととを区別したいのである。また、諸個人が諸個人としてあることと、社会が社会として成り立つこととを別々に考えたいのである。個人が存在するという意味では、社会は存在しない。しかし、別の意味でそれはある。どういうことか。

これ以上の深入りは避けるが、私には関係という語も、社会という語も警戒を要する言葉としてある。油谷さんの場合、情熱を他の関係や他のものにではなく、自分に向け直すということがあってもよかったのではないか。子供との関わりを特権視しているように見えるが、本当にそれは特別な関係なのだろうか。男も子育てに関わろうという言い方で何を言っているのか。育児をしようということか、子供と遊ぼうということか、あるいは、もっと子供と一緒に過ごそうということか。それならば、何もネットワークなど必要ないではないか。黙ってそうすればいいのである。私はそうしている。そのことに何の不都合もない。魚釣りやハイキングやスキーに行くのに、なぜネットワークが必要なのだろうか。行きたければ、行けばいいではないか。私は今のところ、行く余裕もないし、行きたいとも思わないから行かない。ただそれだけである。しかし、家庭は居心地はいいし、家事もするし、疲れるけれども子供の世話もするし、仕事は少ないことを望んでいる。

油谷さんの会は、別の活動もしている。「『のみすけゴロゴロ』は貝塚の町づくりにも乗り出している。市内十六カ所のお地蔵さんを巡る『地蔵盆まつり』だ。各戸に手作り灯ろうを配り、約八十人の親子が練り歩き、おじいさん、おばあさんと交流する……」。彼には、情熱がある。奇妙なという形容詞はつけないが、私にはそれが怖い。なぜ、何もしないで、休息しないのだろうか。なぜ、これほど熱心なのか。関わりの中に、自分らしい自分を見るからか。関わることが喜びだからか。私には、関わることよりも、むしろ離脱すること、孤立すること、一人になること、孤独を守ることの方が必要なのではないかと思えて仕方がない。私が一人になった時、一番必要だったものは毎日の生活のための技術だった。掃除、洗濯、食事、買物、そして、何よりも自分の生を自分で守ること。自分で起きること、自分で酒やタバコをやめること、自分で寝ること、自分できちんと生活すること、こうしたことが私の生活を支えた。人は一人では生きられないのではない。人は一人でしか生きられないのである。一人でしか生きられないから、誰かがいればもっとよいのである。私の場合、特に妻が。

先日、こんな言葉にひきつられた。「やはり歳なのだろうか。なにかにつけ思い浮かぶのはたそがれどきの自分である。まるで行きついた風景のように、そこで肩を丸めている自分がありありと見える。それでいて老いたという実感はさほどもないのだから、老いはよくよく好都合に生涯を枯らしていくもののようだ。現に弾力は日を追って体の節ぶしからすり減っていっている。午後ともなればしきりに自分をせつく声が耳のうしろあたりでくぐもって、動くなら今のうちだと、無性に当てもない旅がしたくなってくるのである。古浦千穂子の『遊行のとき』(『湾』第一五号・広島)も老いた果ての旅立ちの話だ」。朝日新聞夕刊の、「旅の遠近、八〇歳　動物にかえってみたくて」と題された、『散文の射程』での金時鐘の書き出しの文章である(一九九五年六月十日)。彼によれば、この小説の主人公、春子は八十歳になるが、稀なほど恵まれた高齢者である。「その彼女が『ふっと消える瞬間までの、猶予されたほんのひととき』を一人で過ごしたいと家出をする。それも辺地ではさびしすぎるので、街なかのホームレスをねらいどころに、三百万からの金まで用意しての今生の旅である。十二分に老いるだけの老いを彼女は経てきたのだ。当然だれかの面倒をうけねばならない立場だが、だからといってそれでいいとはどうしても思えない。『生き物としての本来の消え方を求めて』、春子は遂に家のない街なかの人になろうとする」。「生き物としての本来の消え方」という言い方は、尋常な表現ではない。

金時鐘は、それを、老いを抱えているものの「世間体も常識も脱ぎ捨て、ただ動物にかえってみたいとする」奥深い希求と表現する。「動物にかえってみたい」という言い方も尋常ではない。「かえってみたい」ということは、もとは動物だったということになるのだろうか。ここまで来て思い出した。私は、子供を育てながら、生物として、動物としてそれを感じていた。その点では何も難しくはなかった。だが、生物としての子供と親との関係に、別の関係が入り込んでくると、事情は一変する。いわゆる社会的関係である。親は、父親に変わり、父親という情熱に変貌する。子は、もはや、動物ではない。子は、単なる生物でなくなる。私の場合は、保育園との関わりにおいて、このことを気づかされた。生物としての親子関係にはあまり困難を感じたことがなかったが、社会的なものの中で私も子供も悪戦苦闘している。こうして、誕生と死、幼児と老人が動物、生物を共通項として結びつく。私は、ちょうど二つの項の間にあるが、視線はもう老人の方を向いている。金時鐘は、最後に次のように言う。「『闇の中』もまた平静な日常のなかでうっ積する熟年女の、夫へのひそやかな殺意がモナリザの笑みのようにたたえられている作品である。これらの男女のいずれもが、このままで年輪を刻めるはずがない。いずれ老いの端境で銘々の旅を思い立つだろう。変転できる何が自分に残っているかを、このところずっと考えている私である」。私もまた、このままで年輪を刻めないのだろうか。私もまた、考えなければならない、「変転できる何が自分に残っているか」を。

(95年7月号)

ヂヾイ・テリブル
――晩年を生きるスタイル――

谷崎潤一郎の『瘋癲老人日記』という作品は、七十七歳の主人公「卯木督助」の日記と、「佐々木看護婦」の看護記録、「勝海医師」の病床日誌、そして督助老人の長女の「城山五子」の手記からなる。といっても、中心は主人公の老人の日記である。谷崎は作品をこのように始めている。「十六日。……夜新宿ノ第一劇場夜ノ部ヲ見ニ行ク。出シ物ハ『恩讐の彼方へ』『彦市ばなし』『助六曲輪菊』デアルガ他ノモノハ見ズ、助六ダケガ目的デアル。勘弥ノ助六デハ物足リナイガ、訥升ガ揚巻ヲスルト云ウノデ、ソレガドンナニ美シイカト思イ、助六ヨリモ揚巻ノ方ニ惹カレタノデアル。婆サント颯子ト同伴。浄吉モ会社カラ直接駆ケツケル」。

まず、「十六日」という日付が目をひくが、その前に小説の登場人物に触れておこう。「婆サント颯子ト同伴」とあるが、「婆サン」は督助老人の妻で、「颯子」は「会社カラ直接駆ケツケル」浄吉の妻、つまり、息子の嫁である。卯木の家には、息子夫婦の子供が一人と、あと二人の女性、佐々木看護婦とお手伝いのお静さんが同居しているが、物語は督助老人と颯子との絡み、それも性愛的な絡みが中心になる。颯子の足が老人を誘惑し、老人は彼女の足に触れ、踏まれたいと望む。颯子による翻弄は、老人に性的快楽をもたらすが、その喜びは彼を生の終りへと接近させる。エロスは死を含んでいる。だから、エロスの拡大は死の到来である。この破局の感覚が督助老人を一層混乱と対立と不調和へ追い込む。それがこの老人の生の終りを生きるスタイルにほかならない。

日付の話しに戻ろう。老人の日記の最初の日付は、「十六日」となっているが、これは昭和三十五年（一九六〇）六月十六日のことである。そして、日記はこの日の記述から始まり、同じ年の十一月十八日で終る。十七日夜、京都から東京に戻った督助老人は、身体の不調を訴え、二十日に脳血管の痙攣で倒れ、その後、狭心症、心筋梗塞を患ってしまい、それ以上日記を書くことができなくなったからである。それゆえ、小説はほぼこの五カ月間の出来事を扱っていることになる。

ところで、一九六〇年の六月「十六日」という日付は、すぐさまその前日の六〇年安保の六・一五事件を喚起する。『瘋癲老人日記』の口述筆記者の一人であった伊吹和子によれば、事実江藤淳は、この作品の連載が完結した昭和三十七年の四月に、朝日新聞で早速次のような時評を書いている（伊吹和子『われよりほかに――谷崎潤一郎最後の十二年』講談社、一九九四年）。「日記は昭和三十五年六月十六日付からはじまる。いうまでもなくこれは六・一五事件の翌日であり、安保騒ぎの真最中であるが、卯木はこの日も次の日も、訥升揚巻や小春を観るために新宿第一劇場に通っている。全学連のデモも麻布狸穴の自邸から劇場にむかう自分の車を妨害する厄介な障害としか考えられていない」。江藤は、このように時評を始め、さらに終りで次のように書いているという。「この非政治的外見を呈した小説に、『政治』の原型が露出していないとはいえない。作者が六月十六日付の日記から書きはじめたのは偶然ではないだろう」。ところが、伊吹によると、原稿の口述の始まった昭和三十六年八月には、谷崎はデモのことも六・一五事件のこともすっかり忘れており、彼女の指摘によって前年の六月「十六日」当日のデモ隊のコースなども調べ直して書き換えたという。最初の原稿筆記では、歌舞伎の演目と銀座の料理店の御馳走の話しかなかったそうだ。伊吹は次のように言う。「安保闘争のデモと『卯木老人』の観劇とは偶然重なったことではあるが、恐らく先生はすぐにその効果に気付き、私があアでもない、こうでもないと、老人の道筋を調べているのを、じれったそうに眺めながら、いずれ江藤氏のような論評が書かれるであろうことを、予測、あるいは期待しておられたに違いない」。

確かに、その効果は、谷崎の予測や期待以上だった。しかし、江藤はここに、老作家の非政治性の政治性を見るのではなく、その晩年のスタイルを読み取るべきではなかったか。作品と事実とを突き合わせてみよう。作品の中で、「十六日」に督助老人一行は、新宿第一劇場で歌舞伎を鑑賞し、翌日には同じ劇場の昼の部の公演を観て、夜に銀座の関西料理店「浜作」で鱧や鮎を食べている。東京では、六月十五日に、デモ隊と警官隊が衝突して、負傷者双方五百五十人を数えている。また、よく知られているように、東大の女子学生が死亡するということもあった。世はまさに「政治」の季節であり、「政治」で大揺れに揺れていた。そして、江藤淳の時評の言葉は、このような文脈において書かれている。

なるほど、歌舞伎や鱧や鮎と安保やデモやハガチーとを並置すると、そこには「政治の原型」が現れているようにも見える。言うまでもなく、歌舞伎を観たり、鱧や鮎を食べたりすることに政治的な意味が含まれているというのではない。そうではなく、政治とは関係性、関係のあり方にその本質があるから、特定の行為はもとより、時間や場所でさえ、一定の政治性をもつことがある。しかし、『瘋癲老人日記』の場合、本当にそうだろうか。谷崎は、江藤のような批評を予測し期待していたという。確かに、世の中は「政治」で揺れていたが、そこにあったのは何も「政治」だけではない。Ｅ・Ｗ・サイードが言うように、同時代にあっても、人々が生きている世界は均質ではない。現実の諸個人は、異なる時間や異なる場所を生き、ズレや遅れや混乱や対立など、多様性のなかにある。人々は、同じ時代に生きていても、違う空気を吸い、違う声を聞いているのかもしれない。谷崎が書いているように、世の中には、アラン・ドロンの「太陽がいっぱい」もあったし、チャプリンの「独裁者」もあったし、ロベール・ブレッソンの「スリ」もあった。この老作家は、自分の最後の長編小説で、別の「世の中」を見、別の空気を吸い、別の声を聞いていたのではないか。では、これらの別のものとは何か。それは、生の終りへの予感と、死とカタストロフィがもたらす顫えだったのではないか。こうした「最後」についての感覚が、谷崎に調和的な作品ではなく「変態小説」を書かせたのではないか。老作家は、最新の風俗や流行を取り入れながら、意図的に「十六日」という政治的意味をもつ日付を使って、新しくて、そして古い反時代的な作品を創り上げた。ここにあるのは、方法としての一種のアナクロニズムである。

改めて言うと、『瘋癲老人日記』は昭和三十六年（一九六一）八月に原稿の口述が始まっている。谷崎が七十五歳のときであり、彼の死の四年前のことである。文字通り、最晩年の作品である。私はこの小説に、江藤の指摘する「政治の原型」の露出よりも、サイードの言う作家の生の終りを生きる晩年のスタイルを見たい。ある作家や芸術家や思想家には後期、あるいは晩年の特有のスタイルというものが認められる。サイードはそれを次のように言う。「私は最近の著述で、作家の後期のスタイル（レイタースタイル）についての関心を披瀝しました。これまたアドルノの考えで、彼はベートーヴェンの第三期に関して語っている。その時期、彼の作品が突然きわめて難解に、『英雄』などの第二期とはまったく違うものになった、と。『作品百十一』『バガテル』『荘厳ミサ曲』などのことですが。アーティストが老いるにつれて和解や結論を求めるというのではなく、むしろそれ以上に大きな絶望、最終感を抱く段階に入ってからの後期のスタイル、それに関心があります」。サイードのこの言葉は、「生の終りを見つめるスタイル──文学・社会・時代──」と題された、最近の大江健三郎との対談の中で語られたものである（『世界』一九九五年八月号）。では、和解や結論を求めるのではなく、それとは違った何か、大きな絶望や生の終りの感覚をもつ後期のスタイルとはどんな問題なのか。

問題は二つある。同じ対談で、サイードは次のように言う。「後期のスタイルという考えは二つの問題を投げかけています。今、大江さんはどちらにも触れられましたが。一つはモータリティ（いずれ死ぬという有限性）の問題、つまり、死に近づく、死の予感をもつにつれて意識されてくる問題です。あなたの場合は息子さんの誕生がそれだったのかもしれません。自分の生に、それに干渉する何らかのことが入り込み、なにか究極的なものと直面させられたという感覚が、そこから始まったはずです。それが一つの問題です。ベートーヴェンなどのアーティストにとってそれは老いの問題、死が近づいてくる予感だった。あなたが言ったドゥームドという感覚もその一部です」。

このように、一つは、「いずれ死ぬという有限性」の問題である。モータリティとの直面は、何も自分の死についての意識だけとは限らない。家族の者の死が人に決定的な影響をもたらすこともある。また、親しい者の死が、人に死の予感や生が終るという思いを強いる場合もある。いずれの場合も、モータリティの感覚が自分の生の中に介入してくることが生のレイタースタイルの契機となる。ただし、通常は、サイードの言うように、老いの問題が大きいだろう。ところで、モータリティの感覚をもたらすものは、死についての経験だけではない。病気の場合もあれば、大きな喪失の経験のようなものもそうだろう。また、サイードが大江について言うように、「なにか究極的なものと直面させられたという感覚」を強いられる経験もそうだろう。その場合でも、モータリティは生の中に介入してくる。そうすると、大江健三郎の場合は、二十代の終りで既にレイタースタイルの始まりがあったということになる。子供の誕生は、初めから死を、生の終りを孕んでいたのである。

それでは、もう一つの問題とは何か。サイードは続けて言う。「もう一つ、作家とその時代の関係にまつわるものですが、とても大切で面白い問題があります。芸術家でありながら、時代に帰属しないことは可能か、という問題です。無意識に私たちは時代精神につながっていると信じ込んでいる、自分は今の人だ、と思っていますが、後期のスタイルの問題は、今を超越して考えたらどうなるかを問いかけてくる。過去に戻っても、前進してもよいのだが、自らの生きてきた時代が過ぎれば、もう自分が属している時代はない状態になる。アナクロニズムの感覚がここでは重要になってくるのですが、それに私は関心があります」。この本の別の個所（「グレゴールとグレーテ――カフカの倫理学――」）で、私は田村隆一の詩を引いて、自分の属している時代を離脱して過去へと戻るという仕方での「アナクロニズムの感覚」を取り上げているが、そこでは、「科学の不可逆性」と対立する、歴史を遡ることとしての「芸術の可逆性」が問題であった。サイードは、このアナクロニズムの問題を作家のレイタースタイルのそれとして指摘している。

では、ここで言われているアナクロニズムとはどのような問題なのか。田村隆一の場合と同様に、それは時間から逸脱すること、時代から遅れること、あるいは、時代に先んじること、要するに、人々と同じ時間を生きないことであり、人々と同じ時代に属さないことである。異なる時間を生き、過去や未来へと同時代を超越することである。脱落や離脱やズレやグチャグチャを生きること、そのことで異なる空気を吸い、別の声を聞き、異世界を見る。そのことによって、同時代にはないものが感じられるのではないか。自分の時代を脱却することで、同時代の事柄を別の条件のもとで考えることができるのではないか。そこにアナクロニズムの面白さがある。

モータリティとアナクロニズムの問題から、晩年を生きるスタイルの問題を考え直すとどうなるか。生の終りの予感は、その生の属する時間や空間の連続性に対立する。時間の歩みは突然断ち切られてしまうかもしれないし、空間的な拡がりは突然一点に収斂してしまうかもしれない。死は生きているものの今を惜しみなく奪う。死の予感がそれを告げる。だから、今に執着しても無駄なのである。終りの感覚は、生きているものの現在に分裂をもちこむ。それは、今や現在から、調和や安定やオーダーを奪う。だから、晩年のスタイルにあって重要なのは、安定や調和や一致や同時性ではなく、対立や緊張や崩れやズレなのである。サイードは、アドルノに従って、「後期の作品はある意味でカタストロフィ(崩壊)の表れ」であり、「不協和音」の表現であると言う。したがって、晩年を生きるスタイルや作家のレイタースタイルについての彼の結論は、不協和音とカタストロフィの感覚ということになる。『瘋癲老人日記』という作品には、晩年のスタイルに関してサイードの指摘する二つの問題が解りやすい仕方で見られる。アナクロニズムの問題については、先に、江藤淳の時評を取り上げたときに既に触れた。もう一つの、モータリティの方は、この作品の中で次のように語られている。

「老年ニナルト誰デモソウカモ知レナイガ、近頃予ハ一日トシテ自分ノ死ノコトヲ考エナイ日ハナイ。尤モ予ノ場合ハ近頃ドコロデハナイ。随分古ク、二十台グライカラダガ、近頃殊ニ甚シクナツタ。『今日己ハ死ヌンヂャナイカナ』ト、日ニ二三度ハ考ヱル。ソレハ必ズシモ恐怖ヲ伴ワナイ。若イ時ハ非常ナ恐怖感ヲ伴ツタガ、今デハソレガ幾分楽シクサヱアル。ソノ代リ、自分ノ死ヌ時ヤ死後ノ光景ヲ微ニ入リ細ニワタツテ空想スル」。また、別の個所では、こんなふうにも言われている。「五十台クライマデハ死ノ予感ガ何ニモ増シテ恐シカツタガ、今デハソンナコトハナイ。モハヤ人生ニ疲レタ、トデモ云ウノダロウカ、イツ死ンデモイイ気ガシテイル。先日虎ノ門病院デ断層写真ヲ撮ラレタ時、癌カモ知レナイト云ワレテ附添ノ婆サンヤ看護婦ハ色ヲ失ツタヨウデアルガ、予ハマツタク平気ダツタ。コンナニモ平気デイラレルノガ意外ダツタ。長イ〳〵人生モコレデイヨ〳〵終ルノカト、イクラカホツトシタクライダツタ。ダカラ生ニ執着スル気ハ少シモナイガ、デモ生キテイル限リハ、異性ニ惹カレズニハイラレナイ。コノ気持ハ死ノ瞬間マデ続クト思ウ」。ここでは、モータリティの感覚は、生ではなく性への執着のうちに現れている。もっとも、生と性は一つだから、その執着を終りが強いる執着と受け取るならば、性的不能に陥りながらも、なお「変形的間接的方法デ性ノ魅力ヲ感ジル」督助老人は「死ノ瞬間」を意識せざるを得ない。死はやはり、ここでも、老人の現在に介入し、彼に生の終りを予感させるのである。

これでようやく『瘋癲老人日記』をレイタースタイルの問題として読み取る準備がととのったことになる。しかし、それにしても、なぜ「瘋癲老人」なのか。伊吹によれば、谷崎は、「主人公が、いい年をして息子の妻にうつつを抜かし、変てこな夢物語を日記に書く彿爺なので、それで『瘋癲』なんです」と説明している。ついでに、もう一つ、なぜ「変態」なのか。それは、この老人が、「既ニ全ク無能力者デハアルガ、ダカラト云ッテイロ〳〵ノ変形的間接的方法デ性ノ魅力ヲ感ジルコトガ出来ル」からである。颯子の足で踏まれるというのも、その一つであろう。

それでは、この狒爺にとって、老いるとはどういうことか。それは、彼の生の中から余計なものが剥がれ落ちていく過程にほかならない。「現在ノ予ハソウ云ウ性慾的楽シミト食慾ノ楽シミトデ生キテイルヨウナモノダ。ソウ云ウ予ノ心境ヲ、颯子ダケハオボロゲニ察知シテイルラシイ。コノ家ノ中デ、ソレヲ知ッテイルノハ颯子ダケダ。他ノ者ハ一人モ知ラナイ。颯子ハ少シズツ間接的方法デ試シテ見、ソノ反応ヲ見テイルラシイ」。生物としての彼が身につけた人間的なものや社会的なものが、老いるにつれ、徐々に剥がれ落ちていく。それで何が残ったのか。性的欲求と食欲の二つである。督助老人は、この二つで生きている。

息子の妻、颯子への性的欲求が老人の家庭に混乱を巻き起こす。ハンドバッグを買い、猫眼石を与え、果てはプールまで造らせようとする。どんな水着を着て泳ぐのか。シンクロナイズド・スイミングの得意な颯子は、どんなふうに水に飛び込み、どんなふうに水から出て来るのか。親指が見える。ふくら脛がふるえる。脚が開く。脚が閉じる。そんな妄想が実際にプール工事と結びつくところに、この老人の徹底性がある。老人の食欲は、銀座の鱧や鮎と結びつき、京都の「吉兆」や「いづうの鱧鮨」へ向かう。谷崎の食についての記述は、まるで「田中康夫」のように、現代風俗の表面をすべり、通の店のカタログを作る。その通俗性が、そのモード感覚が、彼に多くの読者を獲得させる。督助老人は、そんな谷崎の分身であるかのごとく、家族をあちこちに案内し、バーベキュウ・パーティさえ催す。しかし、実は、この老人にとって食も性も一つなのである。すべては、性の問題に帰着する。生は性でしかない。一種の思考実験の結果、督助老人から社会的なものや人問的な配慮を差し引きすると、性の動物としての個人が残る。改めて言うまでもないが、私たちは生物なのである。老いるとはわれわれが身につけたもの、社会的なものが剥がれ落ちていく過程であり、落ちていった果てに、人は生物としての私を死んでゆく。

六月「十七日」にはこんなやり取りがあった。老人一行は、歌舞伎を観て、夕方から銀座の関西料理店「浜作」に寄った。皆でひとしきり食べた後で、老人は「マダ何カ喰ツテモイイナ」と言う。すると、颯子が「オ爺チャン、コレ召シ上ツテ下サラナイ?」と、自分の残り物の鱧を、梅肉と一緒にすすめる。彼女は鱧を二片しか食べていない。にもかかわらず、梅肉は「キタナラシク喰イ荒サレテイル」。老人にはこれがうれしい。颯子がグチャグチャにしたものを口の中に入れるのが堪らないのである。口や舌は、食べるための器官であるだけではなく、時には性愛のための器官へと変貌する。老人の想像は、そのような身体の変化を先取りしながら、意味のないものに意味を読みこむことで、生き生きと働く。

また、七月「二十五日」にはこんな記述がある。昨夜、庭でバーベキュウをした時、颯子が老人を呼んだ。「オ爺チャン、チヨツトイラツシヤイヨ」。冷えることを心配して止められたにもかかわらず、彼は団欒の中に加わった。「予ハ彼等ノ貪ル羊ノ肉ダノチキンノ手翅ナドニハ一向食慾ヲ感ジナイノデ、ソンナモノヲ喰ウ積リハナカッタ」。老人は別の目的をもっていた。パーティには、颯子の浮気の相手らしい春久が来ていたのだ。督助老人は、「実ハソレヨリモ、春久ト颯子トガドンナ工合ニ接触スルカ、ソノ様子ガ見タカッタ」のだ。颯子と春久はどうも出来ているらしい。彼は老人の甥なのだが、颯子とのことを想像するのがまた楽しい。自分の息子の妻が浮気をしているかもしれないというのに、想像は颯子と春久との情事へ向かう。刺激的な性的妄想に比べたら、浮気など何でもない。今や、老人の生は颯子を中心に回っている。颯子の姿、肢体、表情、動き、しぐさ、声、そして吸う息、吐く息でさえ、どこにいてもかくのごとく大きい。要するに、すべては颯子のための生なのである。

家族の秩序などもうないに等しい。娘には二万円でさえ渡すのが惜しいが、颯子には宝石のために三百万円を惜しみなく出す。督助老人は、彼自身が言うように、颯子に「イヂメラレルコトヲ楽シミ、自分ノ妻、自分ノ子供達ヲ犠牲ニシテモ彼女ノ愛ヲ得ヨウトスル」。彼女によって翻弄されたいがために、彼女によって痛めつけられたいがために、老人の金や力が使われる。時には、命そのものまでも。彼はもはや一種の「狂人」なのである。二万円と三百万円の話を書こう。ある日、嫁にいった次女の陸子が訪ねてきて、新しい家の購入資金のために、「差当リソノ利息ダケ二万円ホド助ケテモラエナイカ」と言った。婆さんも娘の味方をして次のように言う。「陸子ハ嫁ニ行ツテカラ今マデ一度モコンナ話ヲ持ツテ来タコトハアリマセン。今度始メテナンデス。聴イテオヤリニナツタライカガ」。老人は返事を渋っていたが、颯子の名前が出たことで断る決心がつく。「颯子ニハヒルマンヲ買ツテオヤリニナルノニ」。

ところが、ある日、颯子が入ってきて、次のように言う。「今日ハオ爺チャン、ネッキングサセタゲマショウカ」。しかし、どういう風の吹き回しか。「アトガ恐シイナ」と思いながら、「結局予ノ方ガ誘惑ニ負ケタ。予ハ二十分以上モ所謂ネッキングヲ恣ニシタ」。「サア勝ツタ、モウイヤダナンテ云ワセヤシナイ」。「何ダネ、君ノ要求ハ」。要求は、キャッツ・アイ、三百万円の猫眼石だった。「ネッキングガソンナニ高クツクトハ思ワナカツタ」。「ソノ代リ今日ダケデナクツテモイイ、コレカライツデモサセタゲル」。督助老人は言う、「ソレニシテモ痛イナ、アンマリ年寄ヲイヂメナイデクレ」。颯子は言う、「ソウ云イナガラ嬉シソウナ顔ヲシテルワ」。「事実予ハ嬉シソウナ顔ヲシタラシイ」。台風の襲来にもかかわらず、颯子は早速買いに行った。彼女は、「凱旋将軍ノ如ク意気揚々」と戻ってきた。「コレ、何カラツトダ」。「十五カラツト」。老人の反応が面白い。「例ニ依ツテ忽チ左手ノ疾患部ガ甚シク痛ミ始メル。慌テテドルシンヲ三錠呑ム。勝チ誇ツタ颯子ノ顔ヲ見ルト、痛イコトガ溜ラナク楽シイ」。

悪も、そして、痛みさえも楽しい。督助老人は、なぜ颯子に惹かれるのか。それは彼女が「チョット意地ガ悪イ。チョット皮肉デアル。ソシテチョット嘘ツキデアル」からである。要するに、ちょっと悪女なのである。それと、姑や義理の姉妹と折り合いが悪い。しかし、颯子がもともと悪い女だというのではない。どうもこの老人が、それを望んでいることを見越して、悪ぶっているらしい。いわば、方法としての悪、愉しみとしての悪。ここでは、善はいかにも退屈ではないか。カタストロフィと悪の愉しみ、それが根性のすっかり捻くれてしまった老人には今やぴったりくる。痛みさえもが性欲を刺激する。

「オカシナコトダガ、痛イ時デモ性慾ハ感ジル。痛イ時ノ方ガ一層感ジル、ト云ツタ方ガイイカモ知レナイ。或ハ又痛イ目ニ遇ワセテクレル異性ノ方ニヨリ一層魅力ヲ感ジ、惹キツケラレル、ト云ツタ方ガイイカ」。颯子は老人が何を望んでいるかをよく承知している。痛い目に遇わせてくれる女性としての颯子を求めていることを知っている。だから、彼女はそのように振る舞う。時には、平手打ちをくれたり、時には、無理難題を押しつけたり、性的な戯れを遊ぶ。いわゆる、「変形的間接的方法」としての「変態」である。卯木家の中で彼の老境のありかが解る者は、他にはいない。何も実際に「変態」を遊べというのではない。問題は、この老人が今生の終りを生きつつあるということを理解することである。この老人において、今生がどのように終りつつあるのか。周囲と折り合いを欠くことがなぜ楽しいのか。調和ではなく、なぜ不協和音なのか。痛いということが何を教えているのか。颯子だけがそれらの答えとして、老人の前にいる。颯子だけが、老人の生の終りに付き合ってくれている。颯子だけが、モータリティに顫える卯木督助を抱きしめてくれる。どうしてかわいくないはずがあろうか。老人は、墓の下までも、彼女を連れて行こうとする。しかし、墓の下に行く前に、触れておくことがある。

「変形的間接的方法」によって性的魅力を感じる遊びを一個所だけ。七月「二十八日」、颯子はシャワーを浴びながら、次のように言う。「イラッシャイ、待ツテイタワヨ。一昨日ハ失礼イタシマシタ」。頸に接吻させせろという老人に、そこは弱いと断る颯子。何処ならいいか、と迫る督助。「何処ダツテ駄目。蛞蝓ニ舐メラレタミタイデ、一日気持ガ悪カツタワ」。じゃ、相手が春久だったらどうなんだい。「殴ルワヨ、ホントニ。コナイダハ手加減シタゲタノヨ」。遠慮しなくたっていいさ。「アタシノ掌ハヨク橈ウノヨ、ホントニ打ツタラ眼ガ飛ビ出ルホド痛クツテヨ」。むしろ望むところだ。「始末ニ悪イ不良老年、ヂヾイ・テリブル！」。頸が駄目なら、何処がいいのさ。「膝カラ下ナラ一度ダケ許ス、一度ダケヨ。――舌デ触ラナイデ唇ダケ着ケルノヨ」。やり取りはこんなふうにすすみ、奇妙な優しささえ帯びてくる。医者が内診するみたいだ。「馬鹿ネ」。舌を使わずに接吻しろなんて、無理な注文だ。「接吻ジャナイモノ、タダ唇デ触ラセルダケダモノ。オ爺チャンニハソレガ相当ヨ」。

十一月「十七日」の日記。倒れる三日前の記述である。老人は自分の墓の場所を決めるため、颯子を同行して京都に行く。目的はもう一つあった。颯子の足の裏の拓本を取り、「彼女ノ足ノ裏ヲ仏足石ニ彫ラセ、死後ソノ石ノ下ニ予ノ骨ヲ埋メテ、ソレヲ以テ予ト云ウ人間、卯木督助ノ墓ニ代エルト云ウ案」である。老人の妄想は、死後にまで及ぶ。老人は死んでも、颯子の全身の重みを感じていたいという。仏足石を墓に使うことで、颯子の足の裏の肌理の滑らかさを感じていたいという。「死ンデモ予ハ感ジテ見セル。感ジナイ筈ガナイ。同様ニ颯子モ、地下デ喜ンデ重ミニ堪エテイル予ノ魂ノ存在ヲ感ジル。或ハ土中デ骨ト骨トガカタカタト鳴リ、絡ミ合イ、笑イ合イ、謡イ合イ、軋ミ合ウ音サエモ聞ク。何モ彼女ガ実際ニ石ヲ踏ンデイル時トハ限ラナイ。自分ノ足ヲモデルニシタ仏足石ノ存在ヲ考エタダケデ、ソノ石ノ下ノ骨ガ泣クノヲ聞ク」。老人の颯子への思いをどう考えるべきか。ここではもう、単なる性的戯れの域を越えている。執着といっても、それは通常のものではない。「泣キナガラ予ハ『痛イ、痛イ』ト叫ビ、『痛イケレド楽シイ、コノ上ナク楽シイ、生キテイタ時ヨリ遥カニ楽シイ』ト叫ビ、『モット踏ンデクレ、モット踏ンデクレ』ト叫ブ」。

死んでも感じて見せるという老人の執着は、尋常ではない。しかし、その執着は生の終りの強いる執着である。墓の下にあって、なお颯子を感じたいというのは、この老人に死が迫っていることを告げている。死は逆に生の限界を示す。老人の妄想はこの世のものを越えて、この世にないものへと向かう。そうすればそうするほど、死の瞬間を意識せざるを得ない。だが、まだ生きている。奇怪な夢が終るまでは。

（95年8月号）

喜劇としての現実

この家の二階から、B病院の十字架が見える。夜になると灯がともり、冬になるとクリスマス用のツリーが置かれる。病室が並び、子供が寝る頃ではまだ明るい。部屋の厚目のカーテンを引きながら、見慣れた光景を今夜も見ることだろう。

家から通りに出て、傾斜のきつい坂道を北に登れば、B病院である。坂道を右に折れると、墓石の採石場がある。ここは、瓜生山への道の入り口になっていて、休みの日には人の出入りがあるが、普段はあまり人の気配はない。また、坂道を左に折れ、山の上まで登り切ると、御嶽教の教会、幼稚園と隣り合わせに北白川教会がある。教会といっても、数家族のごく小規模のものだが、ここには昨今の宗教の仰々しさのかけらもない。こうして、坂道を挟んで、教会、病院、墓石が並ぶ。病院を越えて、坂をもっと登ると、特別養護老人ホームである。さらに、その上は保育園、看護師さんの寮と続く。引っ越した当初は、これらの組み合わせの妙に興味を覚え、暇な折り、周辺の散歩ばかりしていた。誕生から死まで、この辺には何でも揃っている。

時に、黒塗りの車が通る。人が死んだのだろうか。時に、小さな白い塊を囲んで、タクシーから笑い声が響く。人が生まれたのだろうか。病院だから、人が死に人が生まれることに何の不思議もない。病院では、誕生と死、入院と退院、幸運と不運、それらが同居している。同じ建物の中で、ある人は悲しみに沈み、ある人は笑っている。ある人は不運を嘆き、ある人は幸運を喜ぶ。診察に訪れた私の横で、運命への感謝と呪詛が交差する。しかし、このように言うと、私はまやかしを書いたことになるのではないか。私は病院だからと書いたが、何もそれは病院だからではない。病院では当然で、病院だから何の不思議もないというのではない。そうではなく、私たちの現実がそうだからこそ、それらの同居や交差が当然なのであり、何の不思議もないのである。不運と幸運の同居や、悲嘆と喜びの交差が、当たり前のことであり、ちっとも不思議でないことは、私たちの日常の世界がそれらの同居や交差や並列から成り立っているからである。

私は、このような偶然、このような関係、このような組み合わせを、後藤明生にならって、「喜劇」と呼びたい。要するに、私たちの日常の世界の現実を喜劇として捉えたいのである。「喜劇としての現実」という言い方で、私は実際に自分たちが生きている現実を、反対のものが同居し、結びつかないものが結びつく関係や組み合わせや配列から生じる効果、すなわち、喜劇的世界として考えたいのである。

後藤明生は次のように言う。「例えばそれは、結婚の祝宴で賑わっている家の隣の家では、しめやかに通夜がおこなわれているような関係であり、また、散歩しながら夫が三十三年前の敗戦の日を思い出しているとき、妻は飼猫の病気のことを考えているといったような組合わせであり、そしてそれらの事実の、因果関係の論理を超えた配列のようなものだといえるだろう。われわれの日常の世界では、事実はそのように並んでいる」(『笑いの方法――あるいはニコライ・ゴーゴリ』福武文庫)。因みに、この文章は今から十七年前に書かれている。

結婚と通夜が隣り合わせになる。一方に始まりがあり、他方に終りがある。終りが完全に終ってしまうまで、始まりに待っていてもらいたい。そう思ったところで、どうなるものでもあるまい。せいぜい、祝宴の笑いが終るまで我慢するしかない。お祝いといっても、そう長くは続かないのだから。こっちは悲しいのです。ついこの間まで元気だった人が、急に亡くなったのです。いい人でした。死者の無念を思って、少しだけ静かにしてください。お願いします。そう頼んだところでどうなるものでもない。隣りで何があろうと、結婚の祝宴は続く。逆に、ここで祝宴をやめたらおかしなことになるだろう。なるほど、こういう関係も確かに起こりうる。だが、もう一つの例は一層喜劇的である。夫の思いと妻の考えのズレや食い違い。三十三年前の敗戦の日の思い出と、飼猫の病気の組み合わせ。この関係は、さまざまな喜劇的連想を誘う。

そう言えば、以前、こんな話を友人から聞いた。奥崎謙三の『ゆきゆきて神軍』(監督・原一男)という映画を見ていた時のことである。この映画は素材としては笑えるような話を扱っているわけではないのだが、とてもおかしい場面がいくつかある。それで、映画を見ながら笑ってしまう。ところが、この映画の内容は笑うことがはばかられるような話なのである。それでもやはり、おかしい。観客はつい笑う。すると、突然大声で誰かが叫ぶ、「笑うな」。静寂。映画は続いている。また、おかしくなってきた。観客はつい笑う。すると、突然大声で再び叫ぶ者あり、「何がおかしい、笑うな」。静寂。映画は続く。観客は笑う。すると、「笑うな」。静寂。笑う、「笑うな」、静寂。……、……、……。こうした繰り返しがとても疲れたという。これじゃ、映画どころではあるまい。ここでは、喜劇的状況は一層複雑な構造をもっている。観客にとって何よりも面白いのは、映画の中の奥崎と彼の戦友とのやり取りなのだが、そこに異質な観客、「笑うな」と笑いを禁じる別な観客が介入することで、観客はいわば安心して笑うことができなくなる。映画の中の喜劇的状況は、「笑うな」という声によって宙吊りにされてしまう。そこで観客は笑いを堪える。しかし、この状況がまた喜劇的なのである。映画の中の喜劇とそれを見る観客との関係、そしてその関係に関係する別の観客、こうした二重の関係にあっては笑いは笑う者と笑われる者との一方的な関係から生じるのではなく、もっと複雑な回路をもつ。笑う者は、ただ笑いっぱなしではもはや済まされない。映画を見ている観客は、そこに異質な観客、つまり、他人がいるだけで、自分たちの笑いによって別な関係に立たされるのである。要するに、笑いたいのに笑えないという苦しい状況。あるいは、自分の笑いによって自分を笑えなくするというディレンマ。この時の映画館の観客は、単に喜劇を見ていたのではなく、まさに喜劇的状況を自ら生きていたのではないか。

それにしても、なぜ喜劇なのか。それは私たちが生きている現実そのものが喜劇だからである。もう一度、『笑いの方法——あるいはニコライ・ゴーゴリ』に戻ろう。後藤明生は、われわれの生の世界が喜劇的な構造によって成り立っていると考える。彼にとって、現実は喜劇にほかならない。それゆえ、後藤の場合、喜劇は他の何かと並ぶようなものではない。われわれの現実の生が、すなわち、喜劇なのである。要するに、私たちは日常的に喜劇を演じているのであり、日々現実としての喜劇を生きているのである。ただし、私たちがそのことに気づいているかどうかは解らない。「因果関係の論理」を超えた事実と事実との関係や組み合わせや配列をそれとして生きているかどうかは解らない。いや、事態はむしろ逆かもしれない。私たちは、「因果関係の論理」を超えたところに、因果関係を見たり、読み込んだりしているのではないか。単なる事実と事実との結びつきや配列や組み合わせに耐えられずに、そこに「論理」を工夫して、自らすすんで「倒錯」や「錯覚」や「幻覚」に陥っているのではないか。関係や配列や組み合わせをそのまま受け入れるのではなく、こっそり作り替えたり別なものに置き換えたりしながら、ありもしない理由や規則性や順序を思わず「考案」「発明」「発見」し、生の必要が産み出す「幻想」「想像」をそれと知らずに生きているのではないか。

言うまでもなく、われわれがしなければならないのは、「合理性」や「論理」によって工夫することではなく、ただ偶然的関係が産み出す効果に耐えること、「因果関係の論理」を超えた関係や配列や組み合わせを自分たちの現実として生きることである。しかしまた、実際人は「遠近法的倒錯」をはじめ、さまざまな倒錯を生きている。あるいは、生きざるを得ない。それゆえまず、まやかしをやめる必要がある。まやかしをやめて何が見えてくるか。あの、われわれの現実としての、われわれの日常の世界で起こっている事態そのものとしての喜劇が現れてくる。

後藤明生の出発点は、笑う者は同時に笑われる者でもあるという認識にある。彼はそれをミハイル・バフチンの言葉を借りて、「笑っている者自身もこの笑いの対象になる」と表現する。つまり、バフチンの言うところの「グロテスク・リアリズム」である。後藤明生は次のように言う。「この『笑う⇕笑われる』の関係について、わたしがずっと考えて来た作家はゴーゴリだった。実際、もう二十年以上になると思う。そして、その関係を『笑い地獄』という形で小説に書いたり、また『笑いの方法』と題するゴーゴリ論を雑誌に一年間連載したりもしたが、バフチンのいう『笑う⇕笑われる』の関係で、どうしてもわたしが思い出してしまうのは、ゴーゴリの中篇『鼻』なのである。この小説の主人公である八等官コワリョーフは、ある朝とつぜん、自分の鼻が消えてなくなっていることに気づいた。そして彼は、失われた鼻を求めて警察署長宅やら新聞社やらを訪ねまわる。つまり彼は、鼻なしの道化だった。警察署長はその彼の訴えをきいて、まともな人間なら鼻などなくすはずがないだろう、という。なるほどこれは、まともな返答だといえる。なにしろ彼は、少なくとも自分だけは鼻なしの道化になどなるはずはないと信じ込んでいるのである」。

この警察署長に限らず、人は通常、自分の鼻が消えてなくなるとは思ってもみない。しかし今、実際に目の前に、ある朝突然鼻をなくしたコワリョーフがいるのである。彼は鼻を捜すために警察にやって来た。どう考えるべきか。警察署長には何も考えられない。鼻をなくすなどそもそも想像したこともないし、想像もできないからである。だから署長は、コワリョーフを笑うしかない。こんな馬鹿馬鹿しい話、笑わずにいられるか。しかし、それはコワリョーフも同じだ。彼もまた、警察署長と同様、その朝目覚めるまでは自分の鼻が消えてなくなるなんて想像したこともなかったし、まったく想像することもできなかった。ましてや、その消えてなくなった自分の鼻がパン屋の職人の食卓から出てくるなんて。だが、コワリョーフは自分を笑うわけにはいかない。何しろ今や現に、自分の鼻がなくなってしまったのだから。いやでも、鼻をなくした自分を認め、それを見つけなければならない。その彼が今、警察署長に笑われている。つまり署長は、笑う者であって、笑われる者ではない。言うまでもなく、笑われているのはコワリョーフである。だが、署長は彼を本当に笑えるのだろうか。疑いや想像をまったくもたない署長こそ、おかしいのではないか。無邪気に笑っているそんな彼こそ、笑われるべきではないか。

「つまり、想像も出来ないことが、すでに起こっているのである。そしてそれは、警察署長の目の前にあらわれた、鼻なしの道化だった。然るに警察署長は、想像も出来ない自分というものを想像してみようとはしない。彼が笑っているのはそのためである。そして同時に、笑われているのも、まさにそのためだった。これが『鼻』における『笑う⇕笑われる』の関係の一例であるが、同時にこの関係の中には、もう一つ更にグロテスクに歪められた笑いがはめこまれている。つまり、コワリョーフは鼻をなくした道化であったが、彼は少なくとも、そのことに気づいている道化だった。然るに警察署長は、自分の鼻がなくなっているにもかかわらず、そのことに気がついていないコワリョーフなのかも知れなかった」。

なぜおかしいのか。起こり得ないことが起こっているからである。確かに、コワリョーフは鼻をなくした。しかしそれは、いつ誰に起こるか解らない。鼻をなくしてみて、彼はそのことを初めて知った。だが、警察署長にはそんなことは想像もつかない。さて、どちらがまともなのか。笑っている署長か、それとも、笑われている鼻なしの道化か。今や、コワリョーフは自分には鼻がないことを知っている。それに対して、署長は鼻がなくなっていてもそれに気づかないほど自分の鼻の存在について疑いさえしない。もしかしたら、この署長は自分の鼻がなくなっているのに、あると無邪気に信じ込んでいるだけではないのか。そう信じるだけの理由も根拠もないにもかかわらず、信じ込むという滑稽さ、しかも、そのことに気づかないというおかしさ。

なぜそんなことが起こるかについては両者とも解っていないが、一方はそれを現に体験し、今や、何が起こってもおかしくないのが現実だと思っているのに対して、他方はそんな現実を目の前にしながらそれを何かの間違いとして退け、依然として自分だけの信念の世界を出ようとしない。それゆえ、笑っている署長は、そのことによって笑われざるを得ない。つまり、ここで、笑う者と笑われる者との逆転が起こるのである。すなわち、笑う者は同時に笑われる者なのである。しかも、このような逆転や転換の可逆的関係は、われわれの生きる現実から生じてくる。生の現実がそうだからこそ、関係は逆転するのであって、その反対ではない。後藤明生が喜劇という語で考えているのは、このことである。まず関係の逆転があって、それから現実が変わるというのではない。そうではなく、逆転可能性という現実の構造が根拠になっていて、関係の逆転が起こるのである。単に、笑う者が笑われるようになることが喜劇的なのではない。そうではなく、われわれの生の世界が逆転可能な世界だからこそ、何が起こるか解らない世界だからこそ、現実というものが「因果関係の論理」を超えた世界だからこそ、喜劇的なのである。

喜劇においては、以上のように関係は常に相互的、可逆的、相対的である。笑う者は、常に同時に、笑われる者でもある。ここでは、能動はいつでも受動に転換する。そして、このような喜劇的関係はわれわれの生きる現実の関係にほかならない。要するに、現実の世界が喜劇的なのである。われわれの現実そのものがそうだから、笑う者は同時に笑われる者なのである。それゆえ、人はこの喜劇的関係から決して逃げられない。それがわれわれの現実だからである。後藤明生が「笑い地獄」と呼ぶ所以である。しかし、これだけで話は終らない。喜劇が喜劇として生きてくるのは、この関係のもつグロテスクさにある。笑う者が同時に笑われる者でもあるという関係はそこに他人を介在させないと成り立たない。今私は、ある人を笑っている。その人もまた、私を笑っている。つまり、われわれは互いに笑う者であり、笑われる者である。ここまではいい。では、次に何が起こるか。奇妙なことだが、私は私が笑っているその人物と居合わせなければならないのである。関係が一方的でなく相互的であり、常に相対的な世界では、私だけが笑う者であり続けることは不可能である。相対的世界では能動はいつでも受動だから、私は笑われる者でもある。言うまでもなく、このような笑うと笑われるの関係は、自分一人だけでは成り立たない。私以外の他のもの、そこに他人がいなければ、笑う者としての私の、笑われる者としての私への逆転は、起こり得ない。おかしな話だが、喜劇が喜劇として成り立つためにはどうしても他人が必要なのである。ここで他人を拒めばどうなるか。それは関係からの離脱、すなわち、現実からの離脱を意味する。しかし、現実を生きることをやめてどこに行くというのか。非現実の世界にでも逃げ込まない限り、この喜劇から降りるわけにはいかない。生きるということは、喜劇を生きるということだからである。普通は、関係からの離脱はいくらでも可能である。しかし、ここで問題になっている関係は、そこからどこにも行きようのない現実そのものにほかならない。結局、われわれは笑う者が同時に笑われる者でもある関係を生きざるを得ない。「笑い地獄」としての生、「グロテスク・リアリズム」としての生、それがわれわれの現実の生なのである。

しかも、こうした関係は何も笑う者と笑われる者との関係だけに限らない。嫌悪や軽蔑のような関係であっても構わない。互いに嫌悪し軽蔑しながらも、その嫌悪し軽蔑している相手から離れられないような関係、それもまた喜劇にほかならない。後藤明生は今度は、ドストエフスキーの『おかしな人間の夢』(一八七七年)を取り上げる。この小説では、小説の語り手である「おれ」、すなわち、「おかしな人間」と彼がやつらと呼ぶ「人々」との関係が問題になる。「おれ」は「人々」から「キチガイ」と呼ばれ、彼らから嘲笑され軽蔑されている。しかし彼は、自分のことをそう呼んで笑う彼らを愛している。

どうしてか。それは、「知識は感情よりも尊く、生の知識は生よりも尊い。科学はわれわれに叡知を授け、叡知は法則を啓示する。幸福の法則の知識は幸福以上だ」という誤った考えを「人々」に正しいと信じ込ませてしまった罪が「おれ」にあるからである。今や、誤った考えが人々の現実を支配している。誰もが皆、知識を感情の上に置き、生をではなく生の知識を尊ぶ。学とは即ち科学である。幸福とは幸福の法則を知ることだ。だから、幸福の法則を知ることは幸福以上の価値がある。今や、人々はそう信じ込んでいる。だが、「おかしな人間」である「おれ」は、そう思ってはいない。感情の方が尊いに決まっているし、科学が叡知を授けるなんて、叡知とは生涯まったく無縁な者のたわごとにすぎない。幸福の法則の知識が幸福以上の価値があるって、冗談も休み休み言うことだ。幸福ということは幸福ということであって、幸福の法則でもそれを知るということでもない。それは、生きることを知ることに還元するばかげた妄想だ。「おれ」はそれが真理だと思っている。「おかしな人間」はこう呟く。「憂鬱なのは、やつらが真理を知らないのに、おれだけ真理を知っているからだ。おお、ただ一人真理を知るというのは、なんと苦しいことか! だが、やつらにはこんなことはわかりゃしない」。「おれ」はこのように人々の世界を嫌悪し、軽蔑する。しかし他方で、彼はそんな「やつら」のことを、「人々」のことを愛してもいる。そのような人々の世界を作るのに彼も加担しているからであり、彼だけがその罪を免れるわけにはいかないからである。それゆえ、彼は無邪気でも無垢でもイノセントでもあり得ない。「人々」の世界は、彼の現実そのものでもある。だから、彼もまた「人々」の世界を離れることはできない。

ドストエフスキーの作ったこの男は、誰かに似ていないだろうか。私には、ニーチェのツァラトゥストラが思い出された。あるいは、あのイエスがよみがえった。また、この世界は過去にもあったし、そして現在も続くわれわれの現実にほかならない。現代もまた喜劇の世界なのである。しかし、それはこれからも変わることはない。なぜなら、われわれの生の現実が喜劇的だからである。われわれはいつまでも喜劇としての現実を生きるしかないからである。すなわち、喜劇の終りは死である。喜劇にあっては誰も無傷ではいられない。誰もイノセントではあり得ない。ここでは、あの「おかしな人間」が示すように、愛や真理は嘲笑や嫌悪や軽蔑と同居している。汚れなき愛も誤りなき真理も悪を含まない善もあり得ない。喜劇としての現実を生きる「おかしな人間」について、後藤明生は次のように言う。「つまり『おかしな人間』は、自分を嘲笑している人々を、愛してもいるが、軽蔑もしているのである。しかし、人々は彼のことを『キチガイ』と呼ぶのだった。つまり、彼は、『笑っている』と同時に、『笑われている』のである。そしてそれが、われわれ（人間）の生きている世界だった。したがって、そういう世界を自ら放棄しない以上、自分だけが滑稽でないと思う人間は、自分の鼻がなくなっているにもかかわらずそれに気がついていないコワリョーフということになるわけだった。そして『おかしな人間の夢』は、そのことを原理的に示すまことに適当な実例だろうと思うのである。『おかしな人間』は、ご覧の通り、『笑う⇕笑われる』関係としての『現実』を放棄しないからである」。

しかし、この「現実」を生きるのはそれほど簡単なことではない。「おかしな人間」もかつてピストル自殺を試みた。だが、彼は死ぬのを止めて「伝道」に出かける。彼は次のように呟きながら「伝道」に出かけたという。「『生命の意識は生命よりも上のものだ、幸福の法則の知識は幸福よりも貴い』というやつ、つまりこいつとたたかわなければいけないのだ！　だからおれはそれをやる。もしみんながその気になりさえすれば、たちまちなにもかもできあがってしまうのだがなあ」。ここで言われている真理もまた、それほど簡単なことではない。生命の意識と生命を比べれば、間違いなく生命の方が価値がある。ところが、こんな簡単な真理がみんなのものになかなかならない。生命を生命の意識へと還元する思想は消えることがない。なぜか。哲学的には非常に面白いテーマなのだが、これ以上深入りするわけにはいかない（こういう問題については、私は別の形式で扱っている）。

彼は彼の考える「真理」の「伝道」のために生きながらえる。しかし、この「真理」のために彼は「キチガイ」と呼ばれ、軽蔑されたのではなかったか。つまり、彼の真理のための戦いは初めから汚辱にまみれたものだったのである。ここに「おかしな人間」の面白さがある。そして、後藤明生はこの点にドストエフスキーの小説の方法を見る。「そういうふうにして、彼は『キチガイ』であることを止めない。そして、『笑う⇕笑われる』道化として、生の恥辱の中に生きながらえる。ピストル自殺をすれば、生の恥辱は消滅するであろう。しかし、彼はそうしなかった。なるほど、ピストルでズドンと一発やってしまえば、生の恥辱は雲散霧消するに違いない。しかし同時に、世界の構造そのものもまた消滅するだろう。ところがドストエフスキーが書きたかったのは、まさにその構造なのであり、『笑う⇕笑われる』関係だった」。

最後にもう一度、なぜ喜劇なのか。もはや言うまでもないが、それはわれわれが後藤明生の言う、このような「世界の構造そのもの」、すなわち、喜劇としての現実を生きているからである。それが後藤明生の出発点だった。私もまた、ここから始めたい。「事実と事実が非論理的に関係づけられ、組み合わされ、配列されている日常の世界」、要するに、喜劇の世界から始めたい。ここから、生きることと死ぬことを考えていきたい。それはまやかしとの戦いでもある。至る所にまやかしはある。例えば、私はかつてこんな言い方をしたことがある。現実はとんでもない組み合わせからなり、結びつくはずのない事実と事実とを結合させる。だが、こう書くと、まやかしが始まる。組み合わせにとんでもないも何もないからであり、結合に結びつくはずがあったりなかったりはないからである。つまり、そういう言い方は何らかの論理的関係を予想した表現なのである。現実の世界というのは、予想がつくとかつかないとかという世界ではない。ところが、私のような言い方をしてしまうと、書いたり話したりということのなかに、構成や意味や秩序やまとまりが入り込む。その結果、それらに従って、現実が作られ、世界が構成される。哲学で言うところの「構築」や「構成」の問題である。時には書くことによって、時には話すことによって、時には想像することによって、そして時には考えることによって、「現実」が作られていく。だが、現実は作られるものなのだろうか。現実は出来事として生起するものなのではないのか。

したがってまやかしを出来る限り排除して見なければならないのは、後藤明生の言う「因果関係の論理」を超えた事実の組み合わせや配列や関係であり、事実と事実との非論理的関係、偶然的結合、非構成的関係である。現実を作るのではなく、現実を生きるのでなければならない。しかし、現実を生きるというのは簡単なことでは決してない。事実と事実との偶然的結合から逃げ出さないこと、それらの組み合わせ、配列、関係を見ること、そしてそういった組み合わせ、配列、関係から生じる効果、すなわち、誰もがイノセントではあり得ない喜劇に耐えること、現実を生きるとはそのようなことである。もはや、汚れなき愛も誤りなき真理も悪を含まない善もあり得ない。あるのは、生の恥辱と汚辱にまみれた真理と悪をたっぷり吸い込んだ善のみである。ここからわれわれは始めなければならない。

（95年9月号）

戦争と方法的懐疑

人は自分の過去をどこまで延ばせるものだろうか。延ばすといっても、思考実験のように、人類の起源を想像するといったことは論外である。また、歴史家や考古学者がするように、残された史料や遺物を手がかりにして、私たちの過去を再構成するといったこともここでは別である。現在の自分から出発して、自分の過去をどこまで辿っていけるか。今、私の関心はそこにある。しかも、過去へと遡っていくとき、過去はひと続きのものとして辿られなければならない。人が辿ろうとする自分の過去は、切れ切れのものとしてではなく、あくまでも一つの連続体として、自分の現在において掬い取られる必要がある。なぜか。

昨年の夏、加藤典洋の『日本という身体』（講談社、一九九四年）を読んだ。衝撃を受けた。私は、この本から多くのことを学び、多くのことを考えさせられた。以前から私は、戸坂潤の『日本イデオロギー論』の仕事を自分なりの仕方で引き継ぐような仕事をしたいと思ってきた。ところが、この加藤典洋の著作はそんな私に不意打ちを食らわせた。ここには、明治から現在まで百二十五年間にわたって、われわれを動かしてきたものの「正体」、「日本」や「日本的」という言い方で鼓舞されてきたものの幽霊の「正体」が垣間見られる。まず、二つのことについて触れておきたい。

一つ目は、「歴史感覚の回復」という問題についてである。加藤は第一章の書き出しで次のように言う。「明治のはじめから現在まで、この百二十五年をひとつながりの時間として呼ぶ呼称を、わたし達はもっていない」。例えば、「戦前」「戦後」という言い方がある。「戦後」とは、言うまでもなく、一九四五年八月以降を指す。ところが、「戦前」となるといつまで遡ればいいのか。昭和の初め、それは「戦前」ということになるのか。それでは、加藤の言う、一九二五年の治安維持法成立（大正十四年）や一九二三年の関東大震災の朝鮮人虐殺（大正十二年）、更には、一九一八年の米騒動とシベリア出兵（大正七年）ではどうだろうか。実は私の両親の誕生日は、第一次世界大戦の始まりと終りに当たっていて、私の過去の数え方の中では、大正の初めからこの時期は特別な区切りを作っている。だから、シベリア出兵も米騒動も手を拡げれば、何とか捕まえられそうに思ってきた。

では、この時期も「戦前」か。治安維持法とシベリア出兵や米騒動では少し違いがあるが、「戦前」と言えば「戦前」ということになるのだろうか。加藤は言う。「つまりわたし達は現在、昭和二十年以降平成へとまたがる日本現代を特定する語としてかろうじて『戦後』をもっているといえるが、これに対し、『戦前』はせいぜいのところ、大正なかばまでの時間の幅しかもっていない」。このことは重要なことを示している。また私の話に戻るが、大正期とは違い、明治となるといくら拡げてももう手が届かない。同居していた父方の祖父母が長く生きなかったからか、大正から明治まで私の過去はなかなか延びない。ここで途切れている。明治の戦争、日清や日露のそれは、現在の私にはひとつながりのものとしては現れてこない。つまり、私の「戦前」はどうしても明治からは始まらない。これは、私だけの問題なのだろうか。加藤は言う。「明治からいままでの百二十五年をひとつながりの時間として生きる歴史感覚をもつとは、ここで、たとえば一八七三（明治六）年の西郷隆盛らの下野する政変を『戦前』のできごとと感じる感覚が、いまわたし達のうちに生きている、ということなのだが、そう考えてみればわかるように、どう考えても、明治六年のできごとは『戦前』ではない。つまりわたし達の歴史感覚は、わたし達の知らないところで、大正のなかばまでは途切れることなく続いている。しかし、その先で、わたし達自身にも知られずに、立ち枯れている――壊死している――といわなければならない」。

この「立ち枯れ」や「壊死」は致命的である。加藤の言うように、明治以降の日本の歩みをひとつづきのものとして捕まえない限り、われわれを動かしてきたものの「正体」が見えてこないのではないか。自分の過去を延ばしていって、ひとつながりのものとしての明治にまで至るのでなければ、私は私の過去を生きたことにならないのではないか。初めの私の「なぜ」の答えがここにある。だから、「百二十五年の孤独」を破らなければならないのである。ではなぜ、われわれの「歴史感覚」は立ち枯れてしまったのか。

加藤は面白い比喩を使う。cowとしての歴史とbeevesとしての歴史との違いである。「食肉文化をもつ欧米では生きた牛をcowと呼ぶのに対し、食肉の供給源としての牛の身体には、beeves、つまりビーフの複数形をあてるが、そこで腑分けされる牛の身体から生きた牛つまりcowの魂(?)が『抜けで』ているのと同様、この五つの部位に区分され、呑みこみやすい形に整理、提示される日本近現代からはすでに、これを一体とみる感覚、これをわたし達の一個の経験(ひとつながりの経験)と見る感覚が『抜け落ち』ている」。文中にある「五つの部位」というのは牛の「腑分け図」、「肩」「バラ」「もも」などと同様、日本の近現代の時間を教科書に見られるように、五つの時期、「近代国家の成立」(維新から憲法の制定まで)から「日本国憲法と現代の世界」(戦後から高度成長へ)まで五つの時代区分として取り上げる仕方を意味する。それは、まるで歴史という生きた牛を食肉用の牛の各部位へと「腑分け」する手続きを思わせる。問題は、生きた牛としての歴史、今ここでの関心では、とりわけ日本の近現代の歴史をいかにして取り戻すかということである。われわれはcowが草を食べたり動き回ったりしているのを見て、そこに牛がいるとは言うが、肉屋で売られているビーフに生きて活動している牛を見ることはない。それゆえ、ビーフとしての歴史はまた一つのフィクションでしかない。われわれの「歴史感覚」が立ち枯れてしまったのは、このビーフとしての歴史と無縁ではないだろう。歴史家がbeevesを一所懸命集めて、それらから牛をいくら精巧に再構成しても、それはやはり死んだ牛でしかない。では、生きた牛を捕まえるにはどうしたらいいか。加藤典洋には工夫が見られる。それが成功しているかどうかについては議論はあるが、その試みは非常にすぐれたものである。われわれも生きた牛を捕まえるために工夫しなければならない。そして「歴史感覚の回復」を図る必要がある。

二つ目は、「日本」および「日本的」をめぐる問題に関してである。われわれの近現代史において、「日本」および「日本的」という語は特別な働き方をした。それらは明治以降、戦争の記憶と深く結びついている。かつて、こんなことがあった。スポーツと言えば何を想起するだろうか。私の子供の頃は、ボクシングである。父がボクシングのファンだったので、それが嫌いな母を除いてみんなでテレヴィの中継を見た。世界タイトルの試合で、私と兄は外国人選手を、父は挑戦者の日本人ボクサー、例えば父が好きだった小坂照男を応援する。私も兄も小坂のファンだったが、外国人選手との対戦では彼らの側につく。父は苦い思いだったのではないか。私たちがフラッシュ・エロルデの勝利を喜んでいるのを黙って見てはいたが、複雑だったのではないか。私と兄にあったのは、「日本」や「日本的」なものへの嫌悪である。アレルギーである。それは大人になってもあまり変わらなかった。

「日本」や「日本的」という語は私には特別な意味をもつ。加藤は序論「日本という身体へ」において、西欧の公私観と日本のそれとの興味深い比較を行っている。彼は、「西欧の公私は確固とした『釘』、原点をもつ」と言い、マルクスの文章を引用し、マルクスによる「人権」と「公民権」との区別に触れた後、次のように言う。「人権は『自然のものであって不滅』であり公民権の上位に立つが、その理由はこれが『自然のものであって不滅』な『私利私欲』に立脚するからである。マルクスによれば利己的人間の権利は『一人で実行できる』自然権であり、『他人と一緒にしか実行できない』公民権に先立つ。利己心は公共心より『広い』のである」。この個所に私は衝撃を受けた。マルクスによれば、公民権から区別された人権、すなわち、市民社会の成員である諸個人の権利は利己的人間の権利であり、「ここで利己的人間というのは、他人から、共同体から切り離された人間ということである」。二点重要である。第一は、加藤の言う、エゴイズムが公共心よりも「広い」ということ、第二は、マルクスが言うように、「利己的人間」を「他人」や「共同体」から切り離された人間とみなしていることである。私はここに西欧の近代がもった最もすぐれた思想の可能性を見る。それは今なおわれわれの可能性であり続けている。では、日本の場合はどうか。

加藤は両者の公私観の違いをまとめて次のように言う。「西洋の人権思想の基底には『私利私欲』がある。どれほど意外に思えようと、公共の権利への信、公共心はそこからくる。しかしわたし達の社会は、これは江戸期の朱子学からくる考えでもあるが、『人欲の私』を『天理の公』の名のもとに唾棄する。では『天理の公』を信じているかといえば、そうではないので、すくなくとも戦後、『主権在民』となった後、白日のもとで語られうる『公』は、もうどこにも存在しないのである」。マルクスは「私利私欲」を公共的なものの基礎と考えている。日本では、それは「公」と対立するものであり、時には罪悪視すらされる。しかしまた、だからといって、「公」を信じているわけではない。ただ、「公」には

「私」、「私」には「公」という理屈らしきものを持ち出しているにすぎない。本当は、タテマエもホンネも、利己心も公共心も、「理屈」も「理屈を超えたもの」も何も信じてはいない。あるいは、何でも信じている。しかし、そうは言っても、一つひとつ順番に疑っていったら、何かが残るのではないか。

加藤はここでデカルトとフッサールを持ち出し、方法的懐疑と還元について語る。ただし、この個所の議論はあまり正確ではない。特に、疑うということにおいてエポケーの方がデカルトの懐疑より徹底的だという点は、私には承服しかねる。しかし、それはたいしたことではない。彼の論考は多くの長所を有している。日本において、タテマエやホンネや利己心や公共心や理屈や理屈にならないもの、要するに、信じられていると思われるものをすべて疑っていくと何が残るのか。それ以上疑うことのできないものとして何が残るのか。「日本という身体」が残るというのが加藤の答えである。加藤は言う、日本という共同身体が、「『身体的なもの』がわたし達を共同的に拘束している」、と。したがって、彼の問いは「それはどのようにわたし達を共同的に拘束しているのか」ということになる。ここでは、この彼の問いを彼の言う第二期、大逆事件から太平洋戦争の開始までの時期に限定して見ていこう。

加藤は日本の近現代を一九一〇年、一九四一年、一九七二年の三つの時点で区切り、それぞれ深刻な「時代閉塞」を経験したという。今私の関心は、一九一〇年から一九四一年までの時期にある。ではなぜ、この三十一年間が重要なのか。加藤は次のように言う。「はじめの一九一〇年についていえば、これは大逆事件の起こった年であり、多くの人がこの事件を契機に世の中がガラリと変わったと述べている。わたしの考えからすると、これは明治日本というパン種が最初の危機的状況を乗りこえた後、対外的膨張を開始し、それと同時に次第に近代社会としての成熟を見ていく過程で、ぶつかるべくしてぶつかった『時代閉塞』にほかならなかった」。この閉塞がなぜ決定的だったのか。それは、「国家と社会の分岐、国家と個の対立がここにきて不可避のものとなった」からである。それは「一身独立して一国独立す」という明治の死を意味した。では、一九四一年はどうか。加藤が重視しているのは、対日経済封鎖網の完成、いわゆるＡＢＣＤ包囲網の完成である。これで日本は経済的には手も足もでない状態に追い込まれる。しかし、考えてみると、対中国との戦争が宣戦布告なき戦争として始まったことを思い起こせば、既にこの状態は見えていた。宣戦布告は米国の中立法による交戦国への軍需品の輸出禁止を招き、この時点で日本の経済的行き詰まりは簡単に予想できたからである。中国との宣戦布告なき戦争はそのようにして始まったのであった。この三十一年間において、日本という共同身体はわれわれをどのように拘束し動かしたのか。この問いに対して、私は「戦争と方法的懐疑」という言い方で考えてみたい。加藤の言う、武者小路実篤の「桃色の室」の行方を小林秀雄に至るまで追求することで答えてみたい。

武者小路の「桃色の室」とは何か。加藤の論考はここで驚くべき冴えを見せる。彼によれば、武者小路は一九一一年（明治四十四年）一月七日に「一つ、そう長くもない奇妙な」戯曲、『桃色の室』という作品を書き上げているという。ところで、このすぐ前、一九一〇年十二月二十九日には、この月の十日に始まった大逆事件の大審院での十六回を数えた非公開裁判が終っている。「二十六歳の武者小路が幸徳らの死を目前に書いている」、加藤はこの戯曲をそのように読む。それはどういう作品なのか。「内容は、ひとことでいえば、世の虐げられた人々のために働くことと自己実現のために働くことの間でひき裂かれた『若い男』（主人公）が前者を代表する『灰色の女』と後者を代表する『桃色の女』の争いにまきこまれ、最後、『桃色の女』の側につく、というもの。いまの眼から見て、他愛ないといえば他愛ない一幕物の戯曲であり、ふつう、一歩踏みこんだ考察に価するものとまでは、受けとられていないが、虚心にこれを読むと、そこからは何かタマシイの軋みのような音が聞こえてくる」。加藤は手品のようにこの作品に魂を吹き込み、そこに日本の近現代史の暗がりを読み解く鍵を発見する。すなわち、「桃色の室」という鍵である。「桃色の室」は、丘の上に建つ洋館である。外には凩が吹いている。しかし、ここだけはいつも暖かい。「おまけに壁、扉、家具、すべて桃色に塗られ、そこに桃色の服を着た女」がいる。「桃色の女」は、久しぶりに帰って来た夫を迎える。少しすると、戸口を叩く音がする。「灰色の女」である。「灰色の女」は言う、「どうか、室に入れて下さい。凍えそうなので御座います」。「桃色の女」は言う、「いけません」、「この室は今の処どなたも御入れ申すわけにはゆかないのです」。「灰色の女」、「そんなことをおっしゃるとここで凍え死にします」。「桃色の女」、「勝手にお死になさい」。二人の女の間で、激しいやり取りが続く。「灰色の女」は何としても入り、彼女の夫を奪い取ろうとする。戸を破れるばかりに叩き、「入れて下さい。凍え死しそうです。どうか、入れて下さい、凍え死しそうです」。これに対して、「桃色の女」は断固として拒絶する。「他人が何人扉の前で死なうとも、私達は生きてゆかねばなりません。桃色の心を灰色にするわけにはいきません」。

加藤は、このやり取りに決定的な重要性を見る。特に、「桃色の女」の拒絶の論理に日本という共同身体から抜け出る可能性を見る。どういうことか。

加藤の言い分はこうである。「桃色の女」には「灰色の女」を拒絶するか、それとも、迎え入れるかの二者択一しかない。迎え入れたなら、自分もまた「灰色の心臓」になり、自分の生活は滅んでしまうだろう。だから、自分のためにはどうしても他人、「灰色の女」を捨てなければならない。その際、捨て方が問題である。「桃色の女」は、根拠なしに「勝手にお死になさい」と言う。この「無根拠に」他人を捨て、自分を取ること、それが加藤にとっては重要なのである。それは、自分を取るか、他人を取るか、ギリギリのところで現実に迫られたならば、何の根拠もなしに自分を取ってもよいという宣言だった。つまり、無根拠に「私利私欲」としての人権を取ってもよいということである。この時実際に、武者小路がこういうギリギリの二者択一を迫られていたかどうかはこの際別の問題である。大逆事件の思想的意味を問い詰めていくと、そこまで行かざるを得ないということである。

では、武者小路は「他人のため」や「社会のため」や「国家のため」をではなく、「自分のため」を無根拠に優先させることでどんな可能性を手にしていたのか。それは、日本という共同身体を突き抜けて、「個的身体性というべき地点」、私の言い方では、単独性としての「私の身体」という地点に出ることにほかならない。しかし、武者小路はそこまで行くことはなかった。大逆事件の記憶が薄れた頃、彼は「自分のため」を捨て、自分と他人との中途半端な調和に転身する。一九一八年の「新しき村」の創設である。彼はこの大正デモクラシーの時代を迎えると（外はもう凩が止んでいる）、あの大逆事件の思想経験の所産である「桃色の室」を出る。なぜか。加藤はその理由を次のように言う。「大逆事件は彼を追いつめ、彼にある思想的体験を強いたが、それは、そのまま受けとめれば彼という思想の容器を破損させかねない劇薬だった。そのため、彼はそれを、一時避難的状況として受けとめる。彼は『桃色の室』をえる。しかしそれを一時的避難所と心えるのである」。

しかし、この「桃色の室」をまったく別の仕方で生きた者がいる。誰もが皆「外」に出ていく時代に、ここにとどまった永井荷風である。大逆事件から九年後、一九一九年に「花火」を書き、翌年『おかめ笹』を完成させたあの荷風である。しかし、永井については機会を改めて取り上げることにして（加藤は「花火」には触れているが、『おかめ笹』には触れていない。荷風がこの小説を書き始めたのは、一九一七年の秋であるが、彼の重要な日記、『断腸亭日乗』がこの頃から始められている。また、同じ年、七月に春本『四畳半襖下張』が書かれている）、昭和期の戦争との関連で小林秀雄を取り上げることにしたい。加藤が言うところの、二十数年後今度は「社会化されえない私」へ立てこもった小林である。

加藤の小林秀雄の取り扱い方の面白さは、小林を福本和夫と平行的に扱っている点である。すなわち、文学の問題と革命の問題とを同列に置いているの点である。福本はマルクス主義の陣営において、革命の二つの要素、二つの段階（ブルジョワ革命とプロレタリア革命）の結合ではなく、原則的な分離を主張する。いわゆる「切断」のテーゼである。これに対して、小林は三〇年代に入って、ヴァレリーの『テスト氏』の翻訳を通して、また一九三五年の「私小説論」を通して、「自己」と「他人（社会）」との切断を言う。つまり、「社会化された私」と「社会化されえない私」との分離である。日本では、私を語ることがそのまま社会や他人を語ることになる。小林の言い方では、「私の封建的残滓と社会の封建的残滓との微妙な一致の上に私小説は爛熟して行ったのである」。しかし、西欧の私小説は違う。既に、「社会化された私」があったから、「私」の問題があった。だから、例えばアンドレ・ジッドに関して言えば、「個人の位置、個性の問題が彼の仕事の土台であった。言わば個人性と社会性との各々に相対的な量を規定する変換式の如くものの発見が、彼の実験室内の仕事となったのである」。

こうした小林の言葉を受けて、加藤は言う。「福本はいわば、ブルジョワ革命、プロレタリア革命と二段階を踏まえて発展してきた西欧に比して、日本はこの二段階を一緒にやってきた。だからいま、『一旦後退』してこのトバした『二段階』を踏破し直さなければならないというのだが、ここで小林がいうのは西洋の私小説と日本のそれのちがいは、後者が文学における『ブルジョワ革命』を経ていない、トバしてしまってマルクス主義まできてしまっていることから生じている、ということだからである」。それゆえ小林は、まず「社会化された私」から「社会化されえない私」を切り離し、そこに閉じこもる。加藤によれば、この点で、小林はあの大逆事件の思想的経験の正当な後継者であり、日本の近代が初めて手にした、「まったく社会的意味をもたない、社会的なものに自己を閉ざした」桃色の室の住人なのであった。しかし、今度は外には、武者小路の時とは異なるもう一つの凩が吹いていた。二・二六事件である。福本は、そして小林は、この凩によく耐えることができたか。

加藤はあっさりと書く。彼らは「難なく扉をあける」。福本はコミンテルン指導部に屈服し、一九二八年に逮捕され、一九四二年まで獄中生活を強いられる。小林はどうか。「小林に彼の『桃色の室』の放棄は、これにくらべ劇的かつ典型的なかたちで起こる」。一九三七年七月盧溝橋事件。日中戦争が始まった。加藤は「桃色の室」の小林による「劇的かつ典型的な」放棄を次のように言う。「この時すでに日本は、満州国建国（一九三二年）をめぐって国際連盟を脱退している（一九三三年）。国際信義の上から、この戦争はいっそう日本を国際社会のなかで孤立化させる。日本自体が国際社会で一個の密室空間となる。そして、その上で、一個の運命共同体と化した空間内の『同胞』が『入れて下さい、凍えそうなので御座います』と彼の『実験室』の戸を叩くと、彼は、なんなく扉をあける」。更に言う。「どのような『灰色の女』が来てもけっして開けられなかった扉が、『ただの人』（庶民）が来る、すると開き、内部空間が『自意識』（一身）から一挙に『二国』になり変わるのである」。こうして小林秀雄は、「桃色の室」を「日本国民」や「日本人」に明け渡し、「灰色の心臓」をもって戦争に対処する。加藤は次に「戦争について」というエッセイを引く。これは、小林が日中戦争の勃発から三カ月後、一九三七年十一月に書いたものである。この決定的なエッセイを少し詳しく見てみよう。

小林はこんな言い方から始めている。「上海から還って来た林房雄に、どうだ、恐かったか、と聞いたら、文士というものがこんなに臆病なものとは知らなかったよ、と苦笑いして、嘘だと思ったらまあ行ってごらん、と言った。空襲と冷汗との関係なぞについていろいろ話を聞いているうちに、恐いなどという平凡な感情も真底から味うのには並大抵ではないということが、今更の様に何か謎めいたものにも思われ、又厳めしい真理とも思われた。いずれにせよ、臆病は文明人の特権だなどという利いた風な意見は、平時戦時を問わず、単なるナンセンスである。そんな意見が納得出来るのも、ほんとうの恐さを知らずにいればこそだ。知ったら誰でも勇敢になりたいと思うだろう。そして実際、勇敢になるだろう。その点インテリゲンチャの愛好する心理解剖よりは、勇気の美徳を説く小学校の修身の教科書の方が、よっぽど人間に就いて本当の事柄を語っているようだ」。少し長い引用になったが、既にこの個所に小林秀雄の批評の独特の手つきが見られる。文中の「真理」や「真底」や「本当」や「ほんとう」という語に注目していただきたい。彼の批評の手つきはこのようにいつでも「本当の事柄」を探り当てようとする。そして、「本当の事柄」をつかんでいるという確信のもとで、事象や現象が解剖される。いわば、私だけが本当の事を知っている、あなたたちは何も知らない、あるいは、他のインテリは事象をなぞり、現象に眼を奪われているだけだ。本当の事から物事を解析すれば、真相はこうなります。そんな確信に支えられている。

しかし、問題は真相の方である。では、真相はどうなっているのか。その点については、明晰に語られることは決してない。いつでも真理の側から、絶対的なものの側から、知り得ないものの側から、運命の側から語られるが、それらがどういうものかに関しては、彼は「沈黙」する。それが小林の批評の手つきである。魅力と言えば、そこが魅力であるが、怪しいと言えば、怪しいと言える。すぐ後の文章にも彼の「方法」が見られる。「僕は事変のニューズ映画を見ながら、こうして眺めている自分には絶対に解らない或るものがあそこに在る、という考えに常に悩まされる。この考えは画面と僕との間を引裂く何かしら得体の知れない力の様に思われて、だんだん苦しくなって来る。よくニューズ映画に、夫の姿が映ったり息子の顔が出たりする話を聞くが、そういう人々が恐らく感じている何とも言えない焦燥感など、この自分の気持ちに類するのだろうなぞと考えたりする」。もう一度注意していただきたい。今度は、「絶対に解らない或るもの」であり、「何かしら得体の知れない力の様に」である。このように彼は、切断を縦横に使い分けている。こちらとあちら、相対的なものと絶対的なもの、知り得るものと知り得ないもの、語り得るものと語り得ないものという具合に。しかも、彼は常に向こう側、つまり、彼岸に立っている。その小林の批評が戦争という現実に向かい合った時、どういう事態が起こるのか。

長い引用になるが、彼は次のように言う。「観念的な頭、戦争という烈しい事実に衝突して感じる徒らな混乱を、戦争への批判と間違えないがいい。気を取り直す方法は一つしかない。日頃何かと言えば人類の運命を予言したがる悪い癖を止めて、現在の自分一人の生命に関して反省してみる事だ。そうすれば、戦争が始まっている現在、自分の掛替えのない命が既に自分のものではなくなっている事に気が付く筈だ。日本の国に生を享けている限り、戦争が始まった以上、自分で自分の生死を自由に取扱う事は出来ない、たとへ人類の名に於いても。これは烈しい事実だ。戦争という烈しい事実には、こういう烈しいもう一つの事実を以って対するより他はない。将来はいざ知らず、国民というものが戦争の単位として動かす事が出来ぬ以上、そこに土台を置いて現在に処そうとする覚悟以外には、どんな覚悟も間違いだと思う」。彼は、戦争という「烈しい事実」を前にして大切なのは、「現在の自分一人の生命に関して反省してみる事だ」と言う。

しかし、この「自分一人の生命」は簡単に他の生命に取って代わられる。それはもう自分のものでなくなっている。「戦争が始まった以上、自分で自分の生死を自由に取扱う事は出来ない」と言う。確かに、その通りだと思う。戦争は個人の生死を個人から奪い取る。しかし、だからこそ、自分一人の生命を自分一人のものとして守り通さなければならないのである。それは、小林が言うように、「人類の名に於いて」ではない。自分一人の名においてである。それが「桃色の室」の論理ではなかったか。ギリギリのところで、自分か他人か、自分か共同体か、自分か国家か、を迫られたら、無根拠に無条件に自分を取れ、それが桃色の心臓が教えるところではなかったか。だが、小林は国民に基礎を置いた「覚悟」を強調して、この「桃色の世界」をあっさり捨てる。加藤はこれに続く文章、「日本に生まれたという事は、僕等の運命だ。……」の文章を引用する。ここに至って、「自分一身上の問題」は、「日本」および「日本人」の共同の「運命」のうちに吸収されてしまう。「桃色の室」の実験は、こうして「戦争という烈しい事実」の前で、「日本国民全体の受ける試練」の前で、崩壊する。小林はなぜこうもあっさりと扉を開けてしまったのか。

加藤は次のように言う。「このことは、これまで見てきた文脈からいえば、小林に西欧的知性への免疫は十分にあったが、一方、あの日本的身体の共同性への免疫は、ほとんどなかったことを示している」。ここからあの有名な言葉、「国民は黙って事変に処した」という小林の言葉が生まれてくる。彼は、一九三九年一月から二月にかけて、「満州の印象」という紀行文を書いている。彼が中国で見たものは、戦争の拡大にもかかわらず、一致団結して事に当たっている「国民」であるが、その「知恵」はどこから来るのかを尋ねて、次のように言う。「この知恵は、いま行うばかりで語っていない。思想家は一人も未だこの知恵について正確には語っていない。ぼくにはそういう気がしてならぬ。この事変に日本国民は黙って処したのである。これが今度の事変の最大特徴だ。事変とともに輩出したデマゴオグ達は、自分達の指導原理が成功した様な錯覚を持っているだろうが、それはあらゆる場合にデマゴオグには必至の錯覚に過ぎぬ」。

後はもう私の希望は裏切られるばかりである。その中でも、最後の言葉が、一九三九年十月に語られる。もちろん、加藤典洋も引用している。「神風という言葉について」という文章の最後の一節である。「疑おうとすれば、今日ほど疑いの種の揃っている時はないのだ。一切が疑わしい。そういう時になっても、何故疑えば疑える様な観念の端くれや、イデオロギイのぼろ屑を信ずる様な信じない様な顔をしているのであろうか。疑わしいものは一切疑ってみよ。人間の精神を小馬鹿にした様な赤裸の物の動きが見えるだろう。そして性欲の様に疑えない君のエゴティスム即ち愛国心というものが見えるだろう。その二つだけが残るであろう。そこから立ち直らねばならぬ様な時、これを非常時という」。これが、小林秀雄の疑い、その方法的懐疑の終点である。加藤は、この文章を引いた後、次のように書いている。「小林はいってみればデカルト的懐疑を行使して『疑わしいものは一切疑』うが、その果てに『エゴティスム』と一体になった『愛国心』の露頭にぶつかる。彼は日本という身体にぶつかっているのである。しかしそれは、もうこれ以上疑えないデカルトのコギトに見合う『疑えないもの』だっただろうか」。「エゴティスムと一体になった愛国心」を疑ってどこに行けるか、そのことについてはここでは書かない。単独性としての「私の身体」と、共同体や国家から区別された「社会」の可能性についてはまた別の機会に詳しく論じてみたい。また、私は永井荷風のことを考えてみたい。加藤は永井について次のように言う。「あるいは永井荷風は、自意識を手放さない『永遠の青年』であるがゆえに、戦争がはじまったいまも、彼の『桃色の室』から出ないでいるとでも、いうのだろうか」。もちろん、そうではない。永井荷風は、小林や武者小路とはまったく異なる仕方で「桃色の室」を決して出ることはなかった。では、その異なる仕方とはどのようなものであったのか。宿題である。

（95年9月特別号）

困難な思考

先月、朝日新聞で宝塚市の公共工事についての記事を見て、地震（阪神・淡路大震災）が起こった頃のことを考えた。宝塚市の工事の記事というのは、震災などの緊急工事に関しては、「一般競争入札」を改め、「指名競争入札」に戻すことに決めたというものである。地震の直後、被害調査などに無償で協力してくれたゼネコン三十八社を「ボランティア企業」と呼び、それらに宝塚市発注の復旧工事についての独占的に入札させるための措置だという。市幹部の言葉、「協力してくれた企業に、せめてものお礼だ」。この措置は既に、一部実施されていて、例えば、市立中学のプール復旧工事では、市教委が要請した大阪市内のゼネコンを市総務部は拒絶したという。その理由は、この会社がボランティアに加わらなかったからである。以前、川西市の震災寄付金の分配をめぐる言い分にも唖然とさせられたが、今度はやはりそうかと別に驚きもしなかった。ボランティアとお礼とがごく自然に結びついてしまうのは、何も宝塚市だけの問題ではないからだ。それはむしろわれわれの問題である。それはあらゆる場面でわれわれを動かし続けている「身内原理」や「親戚原理」の問題である。

地震の後、マスコミでいろいろな事が言われた。私はもっぱら新聞や雑誌に書かれたものを見ただけだが、少しだけ気になる事柄を書き留めておいた。時間が経って、今度のような記事が出ると、またその時のことを思い出す。ボランティアについては、多くの人が多くの事を述べた。総じて、肯定的で、中にはそれだけが唯一の救いと見る意見が少なくなかった。ボランティア活動に未来の可能性を見出す人々もいた。「ボランティア元年」なる言葉も使われた。これをもって、戦後は新しい時代に入ったと述べた人もいた。自分の欲望に従って、自分のことだけを考える戦後民主主義は終り、公共性に基づく民主主義が開かれるという人もいた。これらはほんの一例にすぎない。事は何もボランティアだけに限られないのだが、それらは本当に後先考えての発言だったのだろうか。言うまでもなく、出来事を短期間の観察だけで判断するのは危険である。解らない時はどうすればいいのか。黙っていればよい。語らないこと、黙ること、マスコミに出てくる人々にはそれがない。黙っていると商売にならないということである。私の言葉では、それを下品という。

ボランティアと「自警団」との近接性、あるいは、それと戦前の愛国挺身隊の「挺身」との近親性を見た人がいた。そう疑って、今度の「ボランティア活動」を考えた人がいた。加藤典洋である。私はかねがね町内会の活動に訳の解らなさを感じてきた。その善意の正体に気味の悪さを覚えてきた。戦前と戦後の連続性と非連続性についてはいろいろな議論がある。その一つに当然、この町内会の活動も数えられなければならないだろう。しかし、人は自分の立場が怪しくなる場所に思考を向けたがらない。自分が自分を窮地に追い込むことになりかねないからである。遠さによって、安心して事象を語る人が、自分自身の懐の具合を確かめられるような近さに関しては沈黙する。思考をそこに向けない。あるいは、向けることができない。

加藤の議論はこうである。山口二郎が私利私欲と公共性とを対立させて、今度のボランティア活動に戦後の民主主義の終りと新しい民主主義の開始とを見ているのに対して、加藤はこの二つに対立を見ない。対立は別なところにある。「ポスト戦後型の公共性と戦前型の公共性との違いは、むしろそれが私利私欲を排除せず、これに立脚するものだということではないだろうか」（朝日新聞夕刊、一九九五年三月二十二日）。それゆえ、対立は公共性と私利私欲との間にはない。問題は公共性の概念である。対立は二つの公共性の間にある。一方に私利私欲を排除することで成り立つ公共性があり、他方に私利私欲に立脚する公共性がある。加藤がボランティアに可能性を見るのは、それが後者の公共性に立つ限りにおいてである。私利私欲を欠いたボランティア、国家や社会に守られ、それらの同情や善意や正義に正当性を保証されたボランティアは危険である。「ボランティアはむろん公共的だが、社会や国家の追い風をシッシッと追い払わないボランティア、いや、善意でやっているんじゃありません、自由意思、好みなんです、と言わないボランティア、つまり非公共的な気分をもたないボランティアは、わたしに言わせれば、不健全なのである」。では、ボランティアと自警団、ボランティアと「愛国挺身隊」の「挺身」との違いはどこにあるか。もはや言うまでもなく、そこに「自己本位」なり自由意思なり自分なり、要するに、私利私欲があるかないかである。加藤は石橋湛山の自己利益に徹するリベラリズムに触れて次のように言う。「なぜ彼のリベラリズムだけが大正初期から戦後までを生きのびたのか。私利私欲に立ち、その上にモラルを積み上げるということが、わたし達のこれまで練習してこなかったことなのである」。こういった考え方は、私的利益の追求や私的欲望の充足と公共性を対立させ、一方を否定し他方を取るといった単純な思考から何と遠いことだろう。私利私欲に立脚したモラルの形成、「自己本位」に拠る公共性の創造、それを練習すること、その練習の内容を考えること、ボランティアをめぐる困難な思考はそこにある。それゆえ、この思考にあっては、私利私欲と公共性の概念とは決して対立しない。むしろ、私利私欲をどこまでも掘り下げていくことで公共性に出会うことができるはずである。この道はまだ辿られてはいない。加藤の「練習」を、私が困難な思考と呼ぶ所以である。

今年の新入社員の研修を被災地でのボランティア活動にあてた会社があった。そのアイディアを新しい研修のあり方として自我自賛する社長の言葉を新聞で読んで、苦笑するしかなかった。新入社員の研修とボランティア、この組み合わせは加藤の言う、「私利私欲」に立つモラルと正反対のものだ。社長さん、ちょっと勘違いされているのではないですか。今日の朝日新聞朝刊にも、ボランティアの記事があった。「社員に有給休暇を認めて支援するのが『ボランティア休暇制度』。これを持つ企業は、経団連の二月の会員企業への調査では、百四十二社と回答企業の二十三％だった。しかし、二百四十一社が『今後検討する』と答えた」（一九九五年十月十八日）。次の言葉をどう受け取るべきか。鹿島は九月に社員組合に年間六日間のボランティア休暇を提案し、年内の実現を目指している。人事部の伊沢逸平部長の言葉、「社員に活動の場を広げてもらうための支援です。個人の善意を会社の善意にすりかえるつもりは全くない」。かくありたいものだが、はたしてどうか。日産自動車の社員の言葉が面白い。「家族の病気でも休めない雰囲気が残る中で、ボランティア活動を理由に休めるかどうか」。

これを逆に読んだらどうか。ボランティア休暇は認めるが、通常の有給休暇は取らせない、あるいは、介護のための休暇や育児休暇は取らせたくない。会社の役員さん、ボランティア休暇の前に、考えなければならないことがあるのではありませんか。個人は自分の休みを何に使おうが勝手である。旅行に行こうが、ボランティアに行こうが、それはまったく等価である。純粋に個人の趣味に属す。だから、もっと休みを簡単に取れるようにすればよいだけである。それなのに、なぜボランティア休暇なのか。なぜ、ボランティアの場合には比較的休みやすくて、個人的事情だといけないのか。育児休暇や介護のための休暇はどうして渋るのか。そこに「会社なるもの」の思惑が見え隠れする。私は、日産の社員の言葉が気に入った。「ボランティアは会社のPRのためでも、言われてやるものでもない。会社は会社なりに貢献すればいい」。要するに、社員を利用するなということ。

もう一つ、やはり地震の後に発表された新聞の文章の中から、私が自分のノートに書き留めておいたものを紹介したい。今年の一月二十八日に書かれたものである。

考えやすいところで考えている人々がいる。この人々にあっては、思考は楽な方へ、楽な方へと向かう。反対に、考えづらいところで考えている人々がいる。この人々にあっては、思考は困難な方へ、困難な方へと向かう。簡単な思考と困難な思考との対立、どれだけ速く、どれだけ正確に、どれほど明晰にという基準とは別に、思考がどの方向を向いているか、考えやすいところで考えているか、それとも困難な思考なのかという基準も思想的な価値評価に入れてよいのではないか。考えやすいところで考えた文章と、困難な場所で考えたそれとは当然違っているはずだ。どこが違うのか。考えやすいところで考えた文章は、予め、思考の障害や抵抗を排除しておく。だからこそ、それは明晰で判明で透明ということでありうる。

しかし、簡単な思考にあっては、それらは作られたものにすぎない。予め障害や抵抗の排除があったがゆえの明晰、判明、透明にすぎない。だから、考えやすいところで考えられた文章は、定められた道を定められた速度で進む。障害や抵抗と出会うことはないから、言葉と言葉の連結は滑らかだ。予め自分の設定した場所でしか考えないから、言葉は軽やかに運動する。自分の考えていることを自分で疑うという可能性を初めから欠いているから、自分で自分の議論を証明するという手続きもいらない。そこにあるのは、常識や支配的観念への訴えかけのみである。展開される議論がどれほど常識に反するものであっても、出される結論がどれほど突飛なものであっても、それは予め人々に受け入れられる範囲や度合いを超えることは決してない。人々はむしろそんなちょっと変わった思想を望んでいる。それが本質的に自分たちを脅かすことがないことを知っているからである。

では、そんな思考にあって、現実とはどんなものなのか。ここでは現実はもはや現実ではない。ここでは現実はむしろフィクションとして生産される。いや正確には、現実を虚構化し、それを逆にリアルなものとして提示する。この置き換えが考えるということであり、この技術の巧拙が思考の優劣を決定する。しかし、それが本当に考えるということだろうか。

もちろん、そのように考え、文章を書いている人々だけではない。定められた道を定められた速度で考えるよりも、自分の生存の場所から文章を作り、現実という抵抗体とぶつかりながら、自分の道を切り開く思考もある。自分で考えるということは、自分の生において、自分の生に従って、自分の生によって考えるということである。現実に触れるということは、抵抗や障害に出会うということである。考えることによって、どうしても乗り越えられない事態に遭遇すること。書くことによって、どうしても飛び越えることも取り除くこともできないものに拘束されること。要するに、困難な思考、困難な文章、私はそれを望んでいる。

地震に関する記事を読みながら嫌になった。人はやはり考えやすいところで考えている。そんな印象をもった。その中で、松原隆一郎の文章に興味を覚えた。こんな書き出しだった。「阪神大震災で被害の最も大きかった神戸市東灘区で実家と義弟宅が倒壊して、七人の家人のうち一人を亡くした。十九日にJR甲子園口駅から十キロほど歩き、小学校に避難していた家族を見舞ってみて、情報社会であるはずの日本の行政と情報伝達のあり方に対して、強い疑念を持った」（朝日新聞夕刊、一九九五年一月二十四日）。彼の文章は、彼が考えている場所をはっきり示している。この地震で被災したという場所、家の者を亡くしたという場所から書かれている。彼はそのような位置から、「情報社会であるはずの日本の行政と情報伝達のあり方」に疑いをもつところから考え始めている。この疑いの内容については、私にも理解できるし、当然と言えば当然の事柄である。

しかし、このように言うと、それがちっとも当然じゃないから書いているのだと反論されるかもしれないが、私から見ると、当たり前ではないことはもっと別なところにある。彼の疑いの内容はこうである。救助のための派遣人員をどうして最初から万単位にしなかったのか。情報を現場から行政側に伝える回路が決定的に欠落しているのではないか。現地の具体的な情報が欲しいのに、テレヴィは実用的報道とほど遠かったのではないか。被災者にとって必要な情報、例えば、財産の問題などに関しては何ら知らされていなかったのではないか。これらの疑いはもっともである。行政側の人たちにとって、当たり前かどうか疑わしいからである。だが、こうした当たり前をさらに深めていくと、どんな当たり前に出会うか。松原は、疑いによって、当たり前のことが当たり前になっていなかったという。その通りだと思う。では、なぜ当たり前のことが当たり前になっていなかったのか。私ならば、そこまで考える。しかし、この新聞の記事だけからだが、松原はそうは考えていない。

問題はどこにあるのか。別に揚げ足を取るつもりはないが、私は松原の文章の中で、「情報社会であるはずの日本の行政と情報伝達のあり方」という言い方にびっくりした。「情報社会であるはずの日本」という表現は、私のものではない。私には、「情報社会」なる社会がどのような社会なのかよく解らないからである。この言い方で何を言っているのか。諸個人の現実の生において、情報社会なるものをどう考えたらいいのか。したがって、私の場合、疑いは「情報社会であるはずの日本」ではなく、むしろ「情粧社会」そのものに向けられなければならない。別の個所ではこんな表現もある。「出火した地域では断水のため互助すらもままならなかった。情報ハイテク社会が、救助活動にかんしては関東大震災から何も進歩していなかったということだろう」。

今度は、「情報ハイテク社会」に「関東大震災」である。これもまた危険な言い方ではないか。今度の地震を「関東大震災」と比べて論じるという仕方は決して少数者のものではない。「情報ハイテク社会」というのは何のことなのか。「情報ハイテク社会」のはずの現代日本がちっとも「情報ハイテク社会」になっていなかったという点に、松原の疑いは向けられているのだろうか。この社会は、実は、救助活動に関しては、「関東大震災」当時と変わっていないという点が問題なのだろうか。しかし、疑いの根拠はむしろ「情報ハイテク社会」そのものにある。この怪しげな言葉そのものにある。社会ということで何をどう考えるかが問題なのである。その内容が問われなければならない。「情報ハイテク社会」と言われているもの、松原がそう呼んでいるものをこそ疑わなければならないのではないか。自分たちの使っている言葉が疑わしいにもかかわらず、そのことが地震によって明らかになったにもかかわらず、依然としてそれを使って別なものを疑うという奇妙さ。業界内で使われている言葉と思考が疑われているというのに、そこから出ることなく、言葉と思考の対応物を現実に求めるという倒錯。「情報ハイテク社会」なるものはフィクションにすぎない。「情報社会であるはずの日本」もフィクションでしかない。そもそも問題は、「情報社会」なる言い方で表されている事柄が諸個人の現実の生とどのような関係にあるか、それが個人の生の中でどのような意味をもつかを考えることにあったはずである。

出発点は常に諸個人の現実の生であり、それとの関連で社会の変化が考えられなければならない。「情報社会」なる言い方のいかがわしさは、何も今度の地震によって初めて暴露されたのではない。それは初めからそうだったのであり、問われるべきはむしろその言葉を無批判的に使って考え、文章を書いてきた「業界人」たちである。むしろ松原のような人こそ、諸個人の生において「情報化」の意味を問い詰め、それを諸個人の現実の生の中で関連づける仕事をすべきではなかったか。そうすれば、「情報社会」「情報ハイテク社会」「情報化」などの言い方で表されている事柄の実体が明らかになったのではないか。要するに、思考の順序が逆転しているのである。「情報化社会」なるものがあって、諸個人の現実の生があるのではない。もしこの現実の生との関連を失うならば、あらゆるものは何ものでもない。諸個人の現実の生が根拠なのであって、それだけが唯一の実在なのである。

松原は思考を中途で止めてはならなかったのである。なぜなら、彼は自分の生存を脅かされたところで考えているのだから。それはまっとうな思考の場所である。最も困難な思考の場所である。しかし、残念ながら、彼の文章は困難な文章ではなかったし、彼の思考も困難な思考ではなかった。彼の文章も思考も、共通の言葉と共通の思考を一歩も出ない。それらを疑おうとしていない。疑いはむしろ、それらを使って別なもの、行政の側に向けられている。それはそれで大切なことだろう。しかし、それは半分だけの大切さにすぎない。生存を脅かされたのであれば、文章も思考も脅かされたはずである。彼が使う、共通の言葉と共通の思考も壊れてしまったはずである。だが、彼の言葉も思考も無傷のままだった。だから、松原の疑いは「情報」なる怪しげな語そのものへの疑いへと深められることはないし、彼が指摘する「防災に不可欠な情報網のゆがみ」が実は諸個人の現実の生に不可欠な情報網のゆがみにほかならないことまでは見抜くことができないのである。情報網のゆがみは、何も防災上の問題に限ったことではない。それがたまたま今度の地震で暴露されただけであって、元は諸個人の現実の生に起源をもつ問題なのである。情報網のゆがみがわれわれの現実に根ざしているがゆえに、事件や出来事のたびにそのゆがみが現れてくるのである。だから、われわれの現実を変えない限り、「防災に不可欠な情報網のゆがみ」は是正されない。

自分の使う言葉を疑い、自分の思考を疑い、共通の言葉と共通の思考を離れて、諸個人の現実の生に帰り、その中で、それに従って、それによって考え、書かない限り、言葉も思考も生存の場所には届くことはないだろう。私は困難な思考を待ち望んでいる。

（95年11月号）

中国の涙

日常の中の出来事で、ある光景が深く記憶に残る。それに言葉が重なり、私の経験として生き始める。「中国の涙」と私が呼んでいる光景も、そのうちの一つである。

偶然、テレヴィが奇妙な場面を映し出した。江青をはじめとする、文革期のいわゆる四人組の裁判の一シーンである。日記を調べると正確な日付は解るのだが、そうはしない。今の私の記憶の中に残っていることだけで話を進める。江青の罪状が次々と並べられる。カメラが江青の姿をとらえる。彼女は、暴れ、喚き、逆らい、叫ぶ。そのたびに、裁判は荒れる。やがて、彼女は廷吏によって取り押さえられ、身体の自由を失う。それでも、足を差し出し、蹴とばそうとする。実に激しい。テレヴィの画面は、時折、傍聴席の人々を映し出す。おそらく被害を受けた者の家族であろう、泣いている人々もいる。弾劾の言葉が続くなか、泣いている人々の顔がアップになる。それらの人々は、眼を見開いたまま泣いていた。涙が垂直に落ちる。開かれた眼から、涙があふれ、まっすぐに流れ落ちる。それは、初めて見る涙だった。「中国の涙」を見た、その時私はそう思った。忘れがたい光景である。

一時期、「中国の涙」という言葉は、私の日記の標題をかざった。それにしても、あれはどういう涙だったのだろうか。今では、不思議な涙としか言いようがない。それは何よりも驚きだったが、私のもつ、泣くという語や涙という語のイメージではとうてい太刀打ちできないものだった。私には、泣いていた人々の感情がどのようなものであるか想像もつかない。いや、そんな想像を禁じているような涙だ。私に解ることは、ただ眼から大量の涙が落下するということだけだった。眼が動くことなく、見開かれたまま、涙が垂直に落ちてゆく。そこには、私のもつ語彙では表現しきれない、涙と泣くことがあった。私の語のイメージは壊され、「中国の涙」としか言いようのないものが残った。それは、泣いている人々の感情の解釈や現実への連想を拒み、ただそれだけでそのまま現前していた。

別の日、また涙を見た。テレヴィは大江健三郎を映し出していた。講演会での一場面のようだ。前置きの言葉が続いたので、まだ始まったばかりなのだろう。大江は、時にノートに眼を落とし、時に笑顔をまじえながら、ゆっくり話す。生まれ育った土地を背負った言葉が続く。母国語と母語とを区別しない人がいるが、彼の話し方は、まぎれもなく母の言葉に養われた過去を表している。日本語には違いないが、それ以上に彼の言葉である。この彼の言葉が、豊かな抑揚をもって、ゆっくり続く。ヴォネガットを語り、ラウリーを語り、ダンテを語り、クンデラを語り、エリアーデを語る。それらはいずれも彼自身のものだった。私は深く魅了された。長い時間の中で鍛えられた言葉と、長い時間の中を生き抜いてきた思想とがそこにあった。テレヴィは何度か聴衆の人々の表情を映し出した。やがて私は気づいた。女子学生のなかに、眼を見開いたまま泣いている人々がいる。大量の涙が垂直に落下する。眼も鼻も口も動かない。ただ涙があふれ、流れる。どんな表情だったのか。どれほどの人々が泣いていたのか。啜り泣く人も、ハンカチで目頭を押さえる人も、そして何よりも泣かない人もいただろう。けれども、私には何も残っていない。覚えているのは、ただ涙だけ、まっすぐに落ちる大量のそれだけである。後で解ったのだが、この講演会は一九八七年十月に、「信仰を持たない者の祈り」というタイトルで東京女子大学で行われたものだった。

大江健三郎は何を語ったのか。信仰は持たないが、人生には魂の問題があるということについて語った。生の中で感じられる魂の働き、彼はそれを祈りのようなものと表現する。「ところが、そうして信仰を持たないでいても、ある宗教的なものといいますか、祈りのようなものがあって、向こうからの光がこちらに届いたことがあると私は思っているのです。私はそれに答えることができなかったけれども、そのことはずっと覚えていようと思っている。それを具体的に、自分の人生の局面についてお話ししたいわけです」。私には、テレヴィで見た彼の講演会だけで十分だった。もちろん、メモを取ったりしたわけではなかったので、忘れた事柄の方が多い。しかし、あの涙との結びつきは、大江の言葉を徐々に大きなものにしていった。たまたま、ある日、大阪の友人にこの講演会の話をした。そうしながら、あの講演会の時間を取り戻そうとしていた。面白いもので、それからしばらくすると、今度は友人の方から、大江健三郎のあの講演会のテープについて教えられた。それが本屋で売られていたのだ。友人はそれを手に入れて聞いたとのこと。後日、私はこのテープをじっくり聞いた。なるほど、内容は同じものだった。忘れていた個所がよみがえり、歪みや誤解が修正され、理解は正確になった。しかし、失うものも大きかった。もちろん、そこにはあの「中国の涙」がない。優れた内容が優れたものとして届き、それをそれとして受け取る隙間が、この時の私には欠けている。空虚としての隙間、最初に聞いた時、大江健三郎の言葉は私のそこに直接入ってきたのではないか。

その後、私はこのテープを、同志社女子大学の倫理学の授業で、「知るということと信じるということ」というタイトルで何回か話したしめくくりとして、また聞いた。何人かの学生は泣いていたが、そこには私の「中国の涙」はなかった。思えば、それはまた別の秩序の事柄だったのだろう。今私の手元に、大江健三郎の『人生の習慣』(岩波書店、一九九二年)がある。この本の最初に「信仰を持たない者の祈り」が載っている。活字でも何度も読んだ。しかし、「中国の涙」はこの書物とは結びつかないまま、私の別の体験と一緒になった。かつて、祈りのようなもの、私は生後五十日に満たない子供を抱えながら、それをいつまでも感じていた。この「生の中で感じられる魂の働き」、それは今でも覚えている。私もいつか自分の人生の局面について、それを具体的に書いてみたい。目を見開いたまま真っ直ぐに流れ落ちる涙と信仰なき祈りと生の最中の魂の働きがどのように結び付いているのか。これらの組み合わせが自分自身の人生においてどんな意味をもつのか。どの形式がふさわしいのか、まるで不明であるが、それらについて書いていたい。標題はもう決まっている。もちろん、「中国の涙」。

（95年12月号）

人生という恐怖

人の生涯に触れることは恐ろしい。かつて山口瞳の『血族』（文春文庫）という作品で、人と関わることとは人を殺すようなものだと教えられた。この認識は何も親子や夫婦のような関係だけに限られたものではない。どんな関係であれ、人との関わりは無傷では済まないものをもっている。大きな傷もあれば、小さな傷もある。決定的なものもあれば、そうでないものもある。もつれた関係が、実際に暴力や殺人にまで至る場合がある。しかし、今私は、そんな実際の出来事に触れたいわけではない。むしろそれらが生まれてくる場所に触れたい。つまり、生きるということ、人が生きることとしての人生という場所に戻りたい。初めに私は、人の生涯に触れることは恐ろしい、と書いた。二年前に、富岡多恵子の『中勘助の恋』（創元社、一九九三年）を読んで、改めてそう思った。

人の生涯に触れることは、その人の生々しさに触れるのに似ている。だから、この場合、恐ろしさは触覚によって与えられる。文字通り、触れることの恐ろしさだ。だからと言って、何も波乱万丈の生涯を想い浮かべる必要はない。むしろ私が言いたいのは、どんな人生でもそれに触れることは恐ろしいということである。生きることの生々しさは犯行現場のもつ生々しさに近い。日常の延長でありながら、近づくことのできない場所、それが犯行現場である。道路の一角にロープが張られる。非常線である。そこは人がいつも歩く道と地続きでありながら、関係者以外には立ち入ることのできない場所として区切られる。人はこちらから向こうをうかがう。そこは人の入り込めない事件の場所であり、出来事の空間である。非常線の向こうで何が起こったのか。何があるのか。何が残されているのか。非常線はわれわれを隔てると同時に、推測を想像を思考を、時に邪推をさえ誘う。こうして、非常線は日常の延長上に、日常の地続きのところに、常ならぬ、非日常の時間と空間を出現させる。そして、眺める人々は決してこの線を越えることができない。しかし、関係者といえども、本質的には眺める人にすぎない。彼は犯行現場に立ち入ることはできるが、そこはもう終ってしまった場所でしかない。彼は事後的に「犯行」に触れているにすぎない。

だが、非常線を突破できる者が一人だけいる。犯人である。犯人は犯行現場に戻るという。自分の行為が行われた場所に戻って、何を確かめようというのか。手掛かりになる、証拠の品々が気になるのか。あれは夢ではないかと思い込むためか。あるいは、行為が行われた場所そのものを消そうというのか。いいや、そうではあるまい。犯人が確かめようとするのは、自分の行為そのものなのではないか。そこで自分のしたことを反復すること、そのために戻るのではないか。同じ場所での、同じ行為の反復。このことを生きるという場所に移しかえて考えてみるとどうなるか。人生を生きるとは、同じ場所での同じ行為の反復なのではないか。しかも、一回ごと、すべて異なっている反復の連続なのではないか。この場合、反復が教えるものは同じ行為は二度とは繰り返されないということである。

富岡多恵子の『中勘助の恋』という本を読んだ時、私は中勘助の人生に触れたような印象をもった。いや中勘助の生涯だけではない。彼の周辺の人々の生涯にも触れたように思った。等しく、恐ろしいという感触を得た。生きて死ぬ、人は皆そうなのだが、この事実が恐ろしい。生きることは十人十色であり、死ぬこともまたそうだ。それぞれ自分の人生を生きて、それぞれ自分の人生を死ぬ。このことが恐ろしい。富岡の本がなぜそんな感触を私に与えたのか。それは、彼女が非常線のこちら側から向こうを眺めるという仕方で、中勘助のことを考えなかったからではないか。いわば、犯人が犯行現場に戻って来るように、事件や出来事の反復に成功したからではないか。行為をそれが行われた通りの仕方でつかまえることに成功したからではないか。この本において、富岡は中勘助の作品が書かれたその現場に直接向かう。作品が書かれた場所はいわば中勘助の「犯行現場」である。それは「小説」という場所ではない。富岡は「後記」の最初に次のように書いている。「一九七七年十二月から翌年十一月まで『さまざまなうた――詩人と詩』と題する詩人論を雑誌『文学界』に連載した時、その四回目に『殺された詩――中勘助』を書いた。それをのちに文庫本で読んだらしい未知の編集者から、中勘助のことを書いてほしいと手紙がきた。それは一九八八年だった。翌年五月、編集者は大阪からきた。『さまざまなうた』で中勘助の詩について書いた時、この人物と文学について書くなら新しく全集が出て日記体随筆をすべて読まねばだめだと痛感していたが、一九八九年九月、岩波書店から『中勘助全集』が出はじめた」。もう一度繰り返そう。中勘助の「犯行現場」は「小説」ではない。もはや言うまでもなく、それは最初から富岡が正確に感じ取っていた「日記体随筆」である。では、中勘助の「日記体随筆」とは何か。

富岡多恵子の中勘助に対する興味の中心は、『銀の匙』の作者に対するそれというよりも、「『小説』という近代がもたらした文芸の作法によらず、むしろそれを拒否したひとりの文学者が、いったいどのような方法で散文によって自己表現するか」という点にある。要するに、「小説」を書いた中勘助ではなく、それを拒絶して「日記体随筆」を書き続けた彼が問題なのである。そのために彼女は中の岩波版の全集を毎月一巻ずつすべて読む。そこに中の生涯がほぼすべて作品化されているからである。しかもそのほとんどは「日記体随筆」という形式をもつ。「病床」（二十四歳）から「随筆」（七十九歳）まで。富岡の指摘によれば、「小説」という形式をもつ作品は、『銀の匙』を除けば、インドものの三作品、『提婆達多』、『犬』（岩波文庫版には富岡の解説がある）、『菩提樹の蔭』しかない。なぜ、「日記体随筆」であって、「私小説」ではないのか。中勘助の人生はなぜ私小説化されなかったのか。中勘助の生涯はなぜ「日記体随筆」に作品化されなければならなかったのか。この謎を解くことが、この作品における富岡多恵子の批評の仕事にほかならない。

『中勘助の恋』の最終章「〈愛読者〉と日記体随筆」において、富岡は自身の考えを次のように訂正する。この訂正は彼女自身にとっても決して小さなものではない。

先程述べたように、中勘助はその作品のほとんどを「私小説」として書かなかった。なぜか。一九八八年の段階では富岡はそれを、「私小説」によって作り出される危険、「なんらかの自己正当化」を予め避けるためであると解釈する。つまり、小説にしないで、日記のようなものや随筆のようなものによって「なんらかの自己正当化を未然に抑えてしまっている」からこそ、「読む者は作者の言葉とその内容が乖離しない禁欲に浄化される」と彼女は考えた。ここで重要なのは、「私小説」についての評価である。それは「自己正当化」をもたらす。だから、「真実」を語るためには「私小説」を避けなければならない。中勘助が日記や随筆のような作品のスタイルを取ったのもそのためである。日記や随筆であれば、作者の言葉と内容を一致させることができる。富岡は中の「日記体随筆」というスタイルをそのように理解した。しかし、こうした考え方は「私小説」についての一般的観念に基づくものであって、本質的には常識を一歩も出るものではない。富岡は一九八八年の朝日新聞の「文芸時評」ではこのことにまだ気づいていなかった。

だが、今彼女の自己訂正が行われた。「わたしはこれを書いた時、先にあげた中勘助の全生涯にわたる日記体随筆をすべて読んでいなかった。すべてを読んだ今、次のように書き変えねばならなくなった」。どう書き変えられたのか。「日記体随筆」とは、日記でも随筆でもなく、「『日記体』という型を利用した虚構の擬装である」。今や、「私小説」と「日記体随筆」との評価は逆転する。「『日記』に『私』は不要である。『日記』の擬装とはいえ『日記体随筆』においても対象化される『私』は不要である。しかし『私小説』には、語り手（一人称）が中性化を体験し、三人称を通過してのちに獲得された、対象化、客観化が可能な『私』が必要である。中勘助は、そういう『私』を獲得しなかった。というよりそれを回避したのである」。これが「日記」の擬装としての「日記体随筆」の秘密にほかならない。

今度は、「私小説」をこう考えなければならない。「私小説」の「私」は、作者と同一ではない。この「私」は作者によって作られたものである。だから、作者と「私」との間には、たとえどんなに小さなものであれ、隔たりがある。作者と小説の中の「私」とが同一に見えたとしても、両者はやはり区別されなければならない。そうでなければ、それはもはや小説ではない。「私小説」といえども、例外ではないのである。「私」と作者との同一化は、常識的観念による誤解にすぎない。富岡は次のように言う。「『私小説』に必要な『私』には、対象化によって自己否定、自己批評が当然含まれる。それは自己愛と対立する。『私小説』は、どれほど自己肯定、自己正当化をもくろんでも、『小説』という近代の作法自体がそれを暴いてしまうという魔力、いや批評性を内包している。したがって〈『私小説』にすることによって生じる危険、つまりなんらかの自己正当化を未然に抑えてしまっている〉というのは逆で、『私小説』によって生じる自己客体化と自己批評の危険を、日記体という型の利用で未然に防いでしまったのである」。「小説」という近代の作法は、作者の意識や意図とは別に、それ自身の可能性を自然に実現してしまう。富岡はその可能性を自己批評性に見る。つまり、作者と「私」との乖離、区別、隔たりという批評性である。それゆえ、いかなる小説もこの批評性という可能性をそれ自身において現実化してしまうことから逃れられない。中勘助はこのことを熟知していた。知り尽くしていたからこそ、彼は「小説」を、「私小説」を拒絶したのである。だから彼は、「私小説」化によって生じる自己正当化を避けるために「日記体随筆」を書いたのではない。事態は反対だった。

中勘助は、「日記体随筆」というスタイルを利用することで、作者の言葉とその内容との一致を意図的に作り上げる。それが彼の「文学」という発明にほかならない。この発明によって、彼の書く作品は、彼の実際に生きた生涯の記録となり、読者は彼の作品を通してその生涯に触れることになる。読者は中勘助の作品の中に彼自身の人生を見て、そこに生きることとの真実を感じ取るのである。このようにして、擬装は完成し、それが反復されることで、擬装は擬装ではなく、自然へと変わる。私にはこのカラクリが恐ろしい。書くというカラクリによってもたらされる「真実」が恐ろしい。中勘助の詩も真実も、彼の現実の生のうちにしかないにもかかわらず、それが「作品」に移し替えられることによって生じる「ウソ」を詩と言い、真実と言うことの恐ろしさ。富岡の言い方では、自然としての「擬装」。

生きることと書くこととの一致、それが中勘助の生涯である。だが、この一致には秘密がついてまわる。恋の秘密から家の秘密に至るまで。秘密は「日記体随筆」において作品化された。かくして、中勘助の現実の生はことごとく表象の世界に移し替えられ、われわれの前にある。なるほど、それは見事な置き換えである。そう言ってよければ、「犯罪」は秘密裏に人知れず行われた。彼の表象の世界を介して、われわれは中勘助の現実の生に触れたかに見える。しかし、それはやはりそう見えただけにすぎない。表象の世界、つまり、作品は、反対に、表象されなかった、表象し得なかった、中勘助の現実の生を表す。隠すという仕方で、語らないという仕方で、触れないという仕方で、彼自身の現実の生が、また、周辺の人々の現実の生が明らかにされる。要するに、現実の生が表象の世界をはみ出すことで、語り出すのである。女性たちが、そして、誰よりも、言葉を失った兄、金一が語り出す。

女性たちの中から、最も関係の薄い野上弥生子を取り上げよう。富岡多恵子は野上の死後に発表された日記の中に、中勘助と〈愛読者〉との関係や「日記体随筆」のもつナルシシズムや胡散臭さを読み取る。「自己を語るのにもよい子の粧飾を忘れない」、「自分に自分で興味をもち過ぎ、作品としてはほんものにならない」、「到るところ愛読者があり、それにとりまかれるのをかくまで悦び語る彼がすこし可哀想になった」。野上弥生子は勘助の「擬装」の現場、その犯行現場を間違いなく知っている。彼女の批判はそこから来ている。多くの〈愛読者〉が惹かれたところを、彼女はなぜ疑い得たのか。富岡は野上の中勘助への「特別な思い」を付け加えている。二十代の頃、彼女は中勘助に恋をし、「愛の告白」をしたらしい。富岡は、野上の五十歳の時（一九三五年）の日記を引く。野上は勘助と同じ歳だが、十年に満たない以前の出逢いを回想しながら、次のように言う。

「もしそのま丶逢わないで死んでしまつたら——私の唯一のこゝろ残りであらう。さうだとも。私たちは逢つて昔話をしあつても決してさし支へないわけだ。それが出来ないのがかなしく腹立たしい。しかしよの中には同じやうなすくせにおかれている人がいかに多いであろう。かうしてひとりこの山にいる時、もし突然彼があらはれたら——かういふ空想は私をもう一度あの二十代に押しもどす。人間は決して本質的には年をとるものではない気がする。九十の女でも恋は忘れないものであらうか」。富岡は野上の中に対する恋がどんなものであったかについては何も書いてはいない。中の側には、それに関する記述が何も残されていないからである。野上の日記はこう続けられていた。「私のこの秘密を知らなければ、私をほんとうに解する事は出来ない」。

富岡は、さらに野上の六十六歳の時(一九五一年)の日記を引く。「勘助さんは私のこのまへの手紙で来る決心をきめたに違ひない。思へば私たちのかうした交情は世にも珍しいものであらう。せめて途中で一度でもめぐり逢へたらと念じていた彼を、この山荘の客として招く日が来たことは、小説以上のロマンスといふべきである。而かも私の今の心では彼が奥さんと来てくれるのが、ひとりで来るよりいつそ気持よく、おちついたたのしさで待たれる。これは恋以上の恋、友情以上の友情であらう」。この文章は、野上が自分の北軽井沢の別荘に中夫婦を招待し、彼らが五日間滞在する直前のものである。さて、中夫婦が来た。野上はどうしたか。富岡は簡潔にこう書く。「勘助夫婦が到着した日には〈別に興奮しなかつたつもりなれど床につきて後、終夜不眠にちかいまゝあけた〉(九月七日)という。翌日には〈私の午前の日課が中止されたわけだ。しかし四十年からのめぐりあひの為には、これ位はよからん。〉翌々日〈今日も執筆は中止、私の生涯での嘗つてない祭典のためとしておこう〉」。富岡は今度は野上の手紙を引く。この手紙は、翌年一月に、中夫婦の別荘訪問の様子を安部能成に伝えたものである。富岡が引いた長い手紙の中にこんな一節がある。「中さんに対する私の感情のさまざまな推移は書けばそのまま長編になります。しかし根本的に申せば、私はあの人のことはなんにも知らず、一つの幻影を彼といふ人に拵えていただけです。同時に私はあの人に対する深い感謝とともに、激しい謝罪のこころを持つていました。あの方がなにか一生日かげに生きているやうな生活におちたのは、私の告白が一つの原因になつたのではないか、とそれはいふ事です。否、もつといろいろな複雑な原因があるのでせう。多分さうと信じますが、しかし私の打ちあけもその一つでなかつたとは思ひません」。

中の「日記体随筆」の「犯行現場」を覗いて、勘助の作品を疑った野上弥生子はここにはいない。過去の恋に向かう時、野上は中勘助に向けた疑いが今度は自分に向けられることになることをまるで疑っていない。勘助との恋、私にはそれが実際どんなものであったかは解らないが、それを回想する弥生子はやはりどこか胡散臭い。ナルシシズムというなら、弥生子もまた同じ病いにかかっているのではないか。富岡はあっさりこう書く。「手紙のなかで、勘助への『愛の告白』が彼のその後の生活を左右する原因になったと書いているのは、弥生子の片思いによる思いすごしだろう。勘助は一度も弥生子の『愛の告白』については書いていない。弥生子の、おそらく片思いによる一方的な思いすごしは、万世、妙子両人の求愛、求婚をいずれも〈すげなく?・聞流した〉勘助の態度を思い起こさせる」。当人が自分の秘密とまで呼ぶこの恋の思い違いをどう考えるべきか。富岡の筆によって明らかにされた中勘助の生涯、そして野上の思い違い、それらに触れることはいずれも恐ろしい。富岡の文章は、勘助だけではなく、弥生子の「犯行現場」をも容赦なく暴く。生きるというのは恐ろしい、書くというのは恐ろしい、そして人と関わるというのは恐ろしい。それらにおいて、私たちはいわば全力で「ウソ」という「真実」を発明しているからである。

中勘助の「犯行現場」の関係者のなかで、もう一人、言葉を失うことで、最もよく語った兄の金一に触れて終りにしよう。富岡多恵子は第四章「兄と『姉』」の書き出しで次のように言う。「昭和十七年(一九四二)、中勘助は三人の近親者を失った。/四月三日に『姉』末子が五十九歳で死去。七月十七日、『娘』猪谷妙子が三十五歳で急逝。十月十二日、兄・金一が七十七歳で死去」。中勘助ファンなら御存知の通り、文中の「姉」も「娘」も正確には姉でも娘でもない。そこに勘助の「恋」があり、現実の生がある。しかし、それらについては触れない。今は、富岡の描いた兄、金一だけにとどめておく。勘助は一八八五年の生まれであるが、金一は彼の十四歳年上で、中家の次男である。ところが、長男、三男、四男は夭折しているから、兄弟は金一と勘助の二人だけということになる。だから、金一は中家の実質上の長男である。勘助の父は一九〇七年、六十五歳で死んでいるが、この時、勘助は東大の学生で、二十二歳であった。金一は、既に福岡医科大学の教授であり、妻、末子とともに九州にいた。富岡は、勘助の『遺品』を引いた後、この兄弟の、幼児より続いた確執、不仲の関係をこうまとめる。「おそらく、核家族化のすすんだ今の時代からは想像するのも困難なほどの特権的地位が、家庭的にも社会的にも金一にはあっただろう。明治四年（一八七一）生れのサムライの子で、東京帝大医科を卒業後ドイツ留学、帰国後まだ三十代で大学教授となった金一は、まさにエリート中のエリートであって、〈人まへもいかがと思ふほど有頂天だった〉としても、特殊な不思議は感じない。ただし、〈その有頂天の最中にあってさへ〉、ただひとりの弟を〈恥かしめ貶めることに骨を折った〉というのは尋常ではない気配を感じさせる」。

兄の「有頂天」は長くは続かなかった。大学教授になって四年後、脳溢血で倒れ、再起不能。勘助が二十四歳の時だった。富岡は『遺品』の一節を引く。「上京した兄は帰る前の晩親戚の者と元気よく酒をのんだ。が、翌朝来客があって、呼び起こされ二階からおりてきて茶の間に坐ったまま黙りこんでしまった。失語症！　その時から兄は廃人だった。禍は青天の霹靂のごとくに落ちかかった。その時から私ども一家——兄と母と姉——の生活はがらりと一変した。引続く数十年の陰惨な生涯」。

勘助の言葉、「陰惨な生涯」について、私は知らない。生計を立てるための困難はもとより、七十一歳での兄の死まで続いた「陰惨」を私は何も知らない。勘助は三人の近親者を失った年に、五十七歳で結婚をした。その式の日に、金一が死んでいる。想像は禁じられている。富岡の言葉を聞こう。「病気で倒れてからの兄は、おそらく言語機能をおかされたために喋れなくなった。しかし、寝たきりではなく、『釣り』と『碁』を趣味として生きた。彼の趣味というより生き甲斐となった『釣り』と『碁』のために、その妻と弟は過大な奉仕を要求された」。「釣り」は身体的理由から「たなご一点ばり」で、病人はそれに「凝りに凝る」。弟の仕事は、このたなご釣りのための「紡錘形のウキ」を作ることである。決して楽な仕事ではないウキ作り、それが「兄の癖の悪い酒のあとひきと同じ」で際限もなく続く。妻の仕事にはこんなこともあった。「まず〈もののいへない兄が電車や汽車にのるとき〉に使うために、〈かた面には行き先、他の面には帰り先〉を記した厚紙の札をつくることからはじめなければならない。それを妻自身が〈蜘蛛膜下の溢血をやった〉あとも、動かぬ手で小学校一年生のような文字を書いてつくらねばならなかった」。「碁」の奉仕はこうだった。勘助は相手をすれば済んだが、末子はそうはいかなかった。研究があるからである。「細かい棋譜を際限なく並べるばかりかむづかしい解説までさせられる。そして石のおきやうが遅いといって癇癪を起して怒られる」。

兄の病いの後、十年の間隔はあるが、母と兄と「姉」と勘助の四人の生活があった。一人ずつ亡くなって、最後に勘助が残った。生活は「日記体随筆」に作品化された。そこには中勘助の生涯だけではなく彼の「関係者」の人生がある。書くという行為によって生み出された「真実」という「ウソ」がある。現実の生は表象の世界に移し変えられることで作品の底に隠された。しかし、それは実は隠すという仕方で中勘助自身によって書かれているのではないか。ちょうど、言語機能をおかされて話せなくなった兄、金一が、喋れないことによって多くを語るように。「釣り」が語っている。「碁」が語っている。

「日記体随筆」とは、中勘助の人生の「犯行現場」にほかならない。富岡多恵子の批評の力によって、私は改めて、人の生涯に触れることの恐怖を覚えた。かくいう私自身、今も生きているのだが。

(96年3月号)

私は思い出す

人はなぜ日記をつけるのか。このところ、そんなことをまた考えている。漠然と考えるというわけではなく、永井荷風の日記を読みながらである。時に、自分の日記のことが思い出され、取り出しては読んだりする。面白いもので、そんなに古いものでなくとも、忘れている事柄もあれば、自分自身の記憶と日付がずれて時間がくるっている事柄もある。近い過去が遠い過去へ、またその逆も。忘れているものには忘れた理由の探求が、ずれているものにはずれた事情の追求がそこに重なり、荷風の日記はもちろん私の日記を読むこともいっこうに進まない。

そこで、私自身の日記の中から私が忘れていたものを公開しよう。古い日記など、それも私のそれを公開してもあまり面白いこととも思われないが、ここは一つ、「私は思い出す」に是非ご協力のほどを。

(1) 一九九三・十二・七——

私は十代の頃に小説を書きたいと思っていた。本当は詩を書きたかったのだが、その才能がないので、散文ならばということだった。言葉を扱うもののなかで、詩人が一番えらい、今でもそう思っている。詩人は言葉によって世界を制作する。それこそ、ポイエーシス。それに比べれば、小説の言語は何と多くの不必要なものを必要とすることだろう。しかし、その不必要の必要が自分には合っている。このことには父親の影響もあったのかもしれない。才能の乏しい人間の才能の世界へのあこがれをきびしく戒めた父の影響。

今でも小説のことをまったく忘れてしまったわけではない。だから、こんな人物のこんな言葉を読むと考えこんでしまう。文学界新人賞を史上最年少の十八歳で得た篠原一さんの言葉。受賞してこれからどうしますという記者の質問に対する答え。「美しい人生設計としては人間の心情の形を見られるセラピストになり、作家もめざします。文学の一芸入試で拾ってくれる大学はないかな」(朝日新聞、一九九三年十二月五日)。

もっと多くの言葉があったとは思うが、記者が勝手に編集した記事に残った彼女の言葉のうち、「人間の心情の形を見られるセラピスト」には驚かされた。セラピストなるものをどう考えているのか。私は自分の感覚として、人と人との関わりは人を殺すようなものだという恐怖をどうしても消すことができない。セラピストと言えば、人を殺すようなものだという、その「ようなもの」を取り去った生々しさがある。それを美しい人生設計とともに語ることの危うさ。そう感じる私は、やはり歳を取った中年なのだろう。

次の言葉。まず記者、「学生作家の大先輩、大江健三郎さんは今でも、十分な人生経験もないままのデビューを悔やむというが」。篠原さんの返答、「でも早過ぎたなんて思いません。人生、先はわからないから」。本当にそうだ。「人生、先はわからない」。だが、こんなふうにその言葉を使うことは私にはなかった。書くということにもいろいろある。他人に読んでもらいたいと思って私が書いた文章の重要なものは、いわゆる「哲学」の文章である。二十代の後半のそれを今でも恥ずかしいと思う。「十分な人生経験のないまま」と感じる。確かに、書くことは人生経験などなくとも才能があればうまくいく。それは語と語の組み合わせにすぎない。しかし、恐ろしいのはこの語と語の組み合わせに才能の及ばない何かが現れる場合があるということだ。もちろん、現れない場合もある。そして、現れた場合に、大江の言う後悔を理解することができる。人の生き死にを見て、深い悲しみと深い楽観を、甘い喜びと軽い無邪気を、それは何とでも言えるが、要するに経験を時間の中に置くことで、単純ではなくなることを日々続けていくと、書くことも書かないことも等価になる。話すことも話さないことも等しくなる。むしろ、大事なことは語らないのかもしれない。書かないのかもしれない。だって、もったいないもの、私が生きているこの人生を語ることは。

高校三年生の篠原さんは言う。「今までは友達に回覧していただけ」。私もずっと前にそうしていた。中学生の頃である。先生に見つかって、その文章を取り上げられ、親が学校に呼ばれたこともあった。きっかけはそう違わない。読んでもらうだけでうれしかった。時には友達から注文さえきた。私はせっせと書いたものだ。大切なことを人に言うということの何たるかがまるで解らなかった。秘密は告白するものではなく、生きるものだということを理解していなかった。人はみな秘密を生きている。その秘密を暴露すれば、世界は仰天するだろうし、困惑するだろう。誰もがそんな秘密を生きている。それでも私は、秘密を書きたかった。生きるということの秘密をせっせと書いた。十分な人生経験のないままに。

過去の自分の文章を読むと、痛々しいと感じる。成熟という語は、あるいは篠原さんのような人には死語かもしれないが、書くという行為にはそれがはっきり現れるのではないか。もちろん、人生経験があったからといって、容易に書けるわけではない。成熟があったからといって、書くという行為はまた別物ではある。しかし、他人の文章を読んでいると、この人はやはり書くべきではないと思っている自分が間違いなくいる。

(2)　**一九九三・十二・二十三――**

近頃なかった冬の寒い一日。朝起きると雪がちらついていた。積もるほどの量ではないが、寒くてたまらない。寒さには強いはずの私も、こちらに移り住んでからの年数も含めて、もはや北方の人間ではない。

このところ、マルクスの『資本論』に従って、交換とは何かを考えてきた。以前、ミシェル・アンリのマルクス論を手掛かりに、イデオロギーとは何かを書いたが、その続編に当たる。問題を単純なものに絞りこんで、基本の概念を洗い直すための作業である。基本の概念を一つ選んで、それを分析して再定義する。そういう作業をしばらく続けようと考えている。今のテーマは交換とは何か。ただし、商品の交換の話なので、価値の問題が中心になる。交換が交換として成立する論理的条件をうまく提示できれば、ひとまず成功である。それ以上の問題については、一つひとつゆっくり取り上げていくしかない。

思うだけなら、もう何十冊も本を書いてきた。構想とタイトルの数もつきないほどあった。だが、何が残ったか。ノートに残骸が散らばっている。思うことが好きなのだ。残念だが、そう考えざるを得ない。あまりにも日がたちすぎた。構想倒れもあったし、怠けもあったし、懐疑もあったし、そして生活の事情もあった。やがてもう書けないと思い定める時が来た。しかし、それでも思うことをやめるわけにはいかなかった。むしろ私は思うことから逃れたいのだが、それがなくなれば、私の生活の半分は死んでしまう。今年の夏頃からまた書き始めている。すると、いつかどこかで考えられた事柄が今の生活の中に場所を得る。

私の勉強の進路は直線ではなかった。時にはひどい回り道さえした。無駄なことだった、そう思わぬわけでもなかったが、回り道が私のやり方なのだろう。直線の勉強は私のよくするところではなかった。ただし、回り道の分については、こちらの頭のなかにとどめておいて、書く際には単純な明快さを好んだ。考えるということは複雑なものを出来る限り解りやすくすることである。『資本論』を読みながら、ずいぶん回り道をした。しかし、回り道の恩恵もあった。

岩井克人『貨幣論』（筑摩書房、一九九三年）。この本は面白かった。マルクスを相手にしたもののなかで、抜きん出たよさをもっている。明快さ、正確さ、面白さ、表面には出ないが、一文一文をつなぐ背景の広がりや深さ。日本語として解りやすいこと、どこにも凝った表現などないことの単純さ、伝えることがたくさんあるので言葉の無駄がないことの美しさ。再読に耐えられる本である。

こんなふうな書き出しで始まる。「世界が社会主義の危機について語りやまないときに、資本主義の危機について語るのはたしかに時代錯誤である。だが、危機は忘れたころにやってくる。しかも、それはまったく思いもかけないかたちでやってくるのである。時代錯誤とは、字義どおりには時代を錯誤することである。だが、時代が錯誤していることだっておおいにありうるのである」。その通りだと思う。ニーチェのごとく、時代に逆らうことで時代に関わる、そんなやり方もある。

この本のテーマは、タイトルにある通り、貨幣とは何かという問題である。マルクスが『資本論』の一節で「貨幣の謎」と呼ぶこの問題を、岩井はマルクスのいわゆる「価値形態論」にひそむ別の可能性をさぐることによって解く。岩井は「価値形態論」を次の二つの命題に則して読む。第一に、労働価値説が価値形態論を可能にした。第二に、価値形態論の展開は逆に労働価値説を不可能なものにした。このパラドックスがいわゆる「価値形態論」の根源的な思考、いわばそれはマルクス自身にあってはついに「考えられなかったこと」としての別の可能性なのである。

周知のように、マルクスの労働価値説はほぼ捨てられた議論に近い。しかし岩井は、労働価値説こそが価値形態論を可能にしたと考える。ところが、価値形態論はそれが深められれば深められるほど、マルクス自身の立場、すなわち、彼の労働価値説を突き崩すように働く。そうしたプロセスが岩井によって見事に分析されている。この悲劇的過程、自身が自身によって滅んでいくということが、マルクスの思想の魅力を生き生きとしたものにしている。もっとも、私自身はこれとは別なところから、マルクスの労働価値説を解釈しようとしているのだが。マルクスにおいて労働とは何かを改めて問い詰めることによって。

(3) 一九九四・三・十六――

生活を変えるとはどういうことをいうのか。よく人が言う、「ライフスタイルの転換」とはどういうことをいうのか。

ある人が仕事を変える。転職は確かに重大な変化をもたらす。仕事が生活の大半を占めている場合、その変化は劇的なものになりかねない。結婚をする、あるいは、離婚をする。これも大いなる変化に違いない。結婚や離婚は、人の生活の仕方を実際的に変える。この場合の数の増減は、一人が二人になったり、二人が一人になったりという単なる数字だけの問題ではない。喜びがあり、悲しみがあり、それはもう大変だ。子供が生まれる、家の者が死ぬ。あったものがなくなり、突然の贈与として子供がそこにいる。いずれも重大事である。死であっても、それが生の成熟の結果であり、自然を思わせるものであれば、悲しいだけではない。誕生でも、もう一つの生を受けとめかねる状況にあっては、喜びだけでは済まない。共同体はもはやなく、個人ですべてを引き受けざるを得ない時代においては、死も誕生も人生を決定的に変えるものとなる。

ある人が習慣を変える。毎日呑んでいた酒をぴたりとやめる。朝一時間早く起きて勉強をする。仕事を終えた後、喫茶店で毎日、詩を一つ書く。習慣を変えることによって、何が変わるのか。いわば、生活の筋が変わる。お決まりの筋は飽きるので、別の筋を作って楽しむ。朝、家を出て、家に戻るまでの筋を変え、家に帰り眠るまでの筋を改める。別の筋立てにしてみる。子供の頃、学校までの通学路を少し動かすだけで、目的地が違って見えたように。これなら生活が内側から変わりそうだ。

ある人が人との関係を変える。今まで付き合っていた人々やグループから離れる。それらの付き合いについての場所の記憶を消す。別の人たちと別の場所で会う。それは自分の身体の向きを変えることに似ている。ある方向に背を向けたり、別の方向に自分の身体を向け直したり。

昔の話。高校三年生の十一月に、私は突然いわゆる受験勉強を始めた。意図的に学校を休み、友人たちからも離れた。めったに自分の家を出なかった。私の家は駅のすぐ近くにあった。二階からそこがよく見える。駅には人々が集まる。その方向を見ないこと、北側に背を向けること、それが私にとっての受験勉強だった。だから、変えることや変わることは、いつでも自分の身体の向きと結びついている。転向という語は、文字通り向きを変えることだ。関わることは自分の身体を向けることであり、関わらないことはそれを転換することである。

ところで、私は今言葉を変えようと思っている。言葉を変える、生活が変わる、そうなるとよい。正確には、定義を変えることによって自分の生活を変えたい。直接のきっかけは、今年の正月の新聞で読んだ池澤夏樹の言葉にある（朝日新聞、一九九四年一月一日）。これは彼と佐和隆光との対談の中の言葉なのだが、それに動かされた。両者の対談の意図を新聞は次のように言う。「敗戦から半世紀近く、日本の社会は『豊さ』を追い求めて走り続けてきた。効率的な大量生産と消費のシステムは世界の先端をいく、とうたわれた。しかし、深刻な不況の中で、そうした戦後の日本社会の『原理』そのものが根本から問い直されている。日本の社会がたどりついた『幸福感』は経済の不振だけで揺らいでしまうものだったのか。足元を見直した時、何が見えてくるのか」。これがこの対談の狙いだそうだ。だから、タイトルは「日本の足元」。この言葉のレベルとどう渡りあったらいいのか。自分の足元でさえおぼつかないのに、「日本の足元」とくると、これはもう手に負えない。

最後に池澤は佐和の「ライフスタイルの転換」という言葉を受けて次のように言う。「だから、走っている人は歩く。歩いている人は、立ち止る。立ち止っている人は、しゃがむ。そうすると足元の花の美しさが見えてくるんじゃないかな」。私にはこれだけで十分である。「ライフスタイルの転換」も何もいらない。それは「日本の足元」と同じレベルのものだろう。私には自分の「足元の花の美しさ」だけで十分である。

ある言葉の定義を変える。そうすることで自分の生活が変わっていく。そうなればよい。だから、私にとっては、「ライフスタイルの転換」とは走っている人は歩くこと、歩いている人は立ち止ること、立ち止っている人はしゃがむことである。池澤に今そう教えられた。「しゃがもう、花が見える」。

(4)　一九九四・十二・二十六――

めずらしく、なるほどと納得したことについて。

今日の朝日新聞の夕刊の「文芸時評」で蓮實重彦がこう書いている。「例えば、いつ、どこで起こっても不思議でないはずなのに、そのことに深く傷ついた幼い犠牲者がみずから死を選んだりすると、事態はたちまち社会問題となり、だれもがその解決を急務と考える。だが、そのとき現実と想像力との奇妙な混同が起こっていることは指摘しておかねばならない。ごく最近話題となったある地方の中学校での『いじめ』による自殺の問題にしても、そこには現実とは無縁の言葉のすりかえが行われている。しかも、そのすりかえが社会的に容認されているかにみえるところが問題なのだ」。

蓮實は、この文章を文学と現実との関係という文脈で提示している。彼はその関係をこう考えている。文学は一般にそう考えられているのとは違って、想像力に関わるのではなく、現実に関わるのである。だからこそ、文学は「現実と想像力との奇妙な混同」にこそ目を向けざるを得ない。むしろ、ここから、この混同の考察から、文学は始まる。蓮實はそのように考えている。いや、そう言いたいのだが、私は彼の文章のなかの、今学校で起こっている事柄にもう少しこだわりたい。蓮實の文章は次のように続く。

「新聞の報道を読むかぎり、起こっていたのはまぎれもない犯罪である。未成年者によるきわめて悪質な集団恐喝が学校を舞台に行われていたのは間違いないからだ。問題は、それをあえて『いじめ』と呼び、現実に起こった犯罪の色合いを薄めてしまうことにある。いま、社会が真に憂慮すべきなのは、中学に通う少年たちが恐喝という犯罪を実行に移したという事実でなければならない。にもかかわらず、事態がもっぱら『いじめ』の問題として社会化することになったのは、純粋な恐喝事件をあえて『いじめ』と呼ぶことで、すべてが心の問題に置きかえられ、現実が密閉されてしまったからにほかならない」。

私もまた、蓮實のように苛立つ。単なる犯罪が学校という場所では犯罪以上のものになったり、犯罪以下のものになったりする。要するに、現実の問題が意味の問題に置き換えられてしまうことに、苛立つ。恐喝、それも集団での恐喝という悪質な犯罪行為が、なぜ「いじめ」の文脈のなかで「解釈」されなければならないのか。この置き換えが問題を一層複雑なものにしているのではないか。一人の中学生を自殺に追い込むほどに。別役実もまた『世界』誌上で、蓮實と同じ主旨の発言をしている。事件は「教育の言語」で語られるべきではない。それは「犯罪の言語」で語られねばならない。別役はそう言う。今学校で起こっている事件を「犯罪の言語」で語る時、ようやく現実が見えてくるのではないか。「教育の言語」はむしろ現実の隠蔽として働くのではないか。だが、事態は逆で、過剰で不必要な教育の言葉が現実を解釈の世界に移行させ、事件は当事者から離れ、学校教育全体の問題に、果ては、戦後教育の問題にまで「高められて」しまう。事件の犠牲者にとっては悲喜劇以外の何ものでもない。

今、学校の中で何が起こっているのか。「事件」が起こるたびに、人はそう問う。しかし、こうした言い方は、「今家庭の中で」という言い方にもなるし、「今会社の中で」という言い方にもなる。こういう言い方で何が明らかになるというのだろうか。そこから、たくさんの「解釈」や「意味」や「言葉」が生産されるだけではないか。私はフィクションや物語を作り出し、言葉と現実とを置き換えている人々を知っている。その結果、言葉が言葉を生み出し、物語が物語を生み出し、現実はますます隠蔽されてしまう。職業として、そんな隠蔽作業に加担する人々はもちろん、「普通のおじさんやおばさん」も語り（騙り）による、言葉による「もう一つの現実」を本当の現実として受け入れる。語りや言葉の効果に疑いを向けることはほとんどない。

学校を舞台に行われた「悪質な集団恐喝」がなぜ暴露されないのか。私が知りたいのは、この恐喝事件の真相である。いつ誰が、どのようにして何をしたのか。その時、誰が主犯で誰と誰が組んでいたのか、また誰が知っていて誰が知らなかったのか。事件は計画的なものかどうか。この場合、学校は単なる犯行現場にすぎない。犯罪を行うのに最も好都合な現場にすぎない。また、この場合、「先生」も「生徒」も教育とは何の関係もない共犯者であり、証人である。要するに、犯罪は事実として明らかにされねばならない。もしも中学生に保護が必要だとしたら、それは犯行が暴露されて以降のことであり、そのためにこそ少年法がある。そのためにこそ、先生がいて、親がいる。

現実を避けてはいけない。物語を作ってはいけない。事実を事実として暴露すべきだ。現実を現実として示すために、言語を工夫し、表現を仕立て直す必要がある。別役実の言う、「教育の言語」がどういう機能を果たし、「犯罪の言語」がなぜ必要なのかを考えなければならない。現実的なもの、リアルなものに近づくためにこそ、思考と言語はある。

(5) 一九九五・一・十九――

神戸の方で地震があった。いいかげんな報道に腹を立てながら、テレヴィにかじりついていると、奇妙なことを言う人々がいた。関東大震災の再来だ、と。わずかな写真や文字で知っていたことがテレヴィで流される当時のフィルムとまず重なる。それから今映し出されている神戸の惨状と結びつく。こうして一編の震災物語が始まる。関東大震災に重ねられた今度の地震は、ここで別の意味を帯びることになる。当時の世相との関連が言われ、政治や経済の状況の類似性が指摘される。こうして、第二編、歴史の物語が始まる。結び付くものならば、何でもよい。いや、結び付かないものでさえ、強引に結び付けてしまう。物語は事実とは違うのだから、別の論理が働いている。そう言い訳しながら、テレヴィはまたたくまに無数の物語を作っていく。

テレヴィは正しい情報に従って行動するようにと呼びかけていた。だが、一体誰に呼びかけているのか。口コミによる噂ではなく、正しい情報に従って下さい。この場合、正しい情報とはどんなことをいうのか。話は反対ではないのか。電気の来ないところでどうやってテレヴィを見るのか。火災が起こっている現場でテレヴィをつけることができるだろうか。生死に関わる場面でテレヴィをどうやって見るのか。テレヴィとは基本的に、安全な場所で安全な人々が見るためのものだ。身の安全が確保されて、初めてそれを見ることができる。電気の届く場所を考えてみるがいい。テレヴィ局はそれを知っているはずである。だから、報道番組は直接地震に巻き込まれた人々ではなく、そうではない人々、それを見ている人々に向かって流される。今、テレヴィを見ている私は、安全な場所にいるのである。食べ物もある。寝る場所もある。決して寒くはない。そのうえで、テレヴィを見ているのである。だからこそ、無数の物語がやりきれない。無数の物語は被災者の人々とは無関係であって、被災者の人々の苦しみや困難を見ているこちらに関係がある。

テレヴィはこんなことも言っていた。本当に情報を必要としている人々、被災した人々、学校などに避難した人々に情報が伝わっていない。現場は混乱している。食糧の配分ひとつ取り上げても、うまくいっていない。そう私たちに報告していた。こんなことをテレヴィを見ている者たちに伝えてどうなるのか。私たちにそんな重要なことを伝えるのではなく、なぜ本当に情報を必要としている人々に伝えようとしないのか。テレヴィ局は知っているのである。情報を必要としている人々のところに本当の情報が届いていないことを。では、どうすればいいのか。しかし、テレヴィはそうは考えない。どうしてか。それはテレヴィだからである。テレヴィは本当に情報を必要とする人々にどうすれば情報を伝えることができるかとは考えない。テレヴィはこちら側、安全な場所でそれを見ている者たちに向かって放送している。要するに、テレヴィはテレヴィ局のものであって、安全な人々のものであって、被災者のもの、本当に情報を必要とする人々のものではないからである。

新聞も呑気なものだ。今日の朝日新聞の夕刊の素粒子さんがこんなことを言ってぃる。「人間も国も『一人』じゃ生きてゆけない。『ご近所』という懐かしい言葉をしみじみ思う」。困りますね、素粒子さん。一人で文学するのは構わないが、それを文字にして「しみじみ思う」と書かれたのではやりきれない。なるほど、一人じゃ生きてゆけない。それでは、みんなで生きてゆけるのか。そんなことは不可能だ。やはり、一人で生きるしかないのである。一人で生きていくのは難しいけど、それでも一人で生きてゆくしかないのである。人はどこまでいっても一人で生きてゆくしかない。だからこそ、人々の協力が、他人の力が必要なのではないのか。その現実を簡単に「ご近所」などと言うな。

（96年12月号）

時代遅れの「花火」

荷風の名高い短編「花火」(一九一九年)をどう読むべきか。大正八年七月に完成したこの短編は、評価の分かれる作品である。この作品は荷風一流の奇を衒ったものなのだろうか。私はむしろそこに荷風の真面目と本気とを見たい。「花火」は荷風による「反時代的考察」なのではないか。

ここで荷風について取り上げたいことは、二つある。

一つは、荷風のアナクロニズムについて。彼は時代からズレて、時代に逆らって、過去へ移動する。人が新しい文明を謳歌し、そこにあるものを享受する時、彼は文化のノスタルジーを生き、今ここにないものを夢想する。それは江戸であったり、パリであったり、米国であったり、あるいは、文字通りどこにもないユートピアであったりする。ニーチェのように言うと、荷風は時代に逆らうことで時代に関わる。この荷風の反時代性、時代から遅れること、時代錯誤、そしてズレと意図的錯覚に触れたい。

もう一つは、磯田光一の言う、「本質的な個人」としての荷風の利己主義について。磯田は『永井荷風』(講談社文芸文庫)において次のように言う。「かつて永井壮吉と名づけられて生まれた荷風は、少なくとも公文書の上では『永井壮吉』として死ぬしかなかった。しかしその永井壮吉は、かつて自分の墓について、『荷風散人墓』以外の一字も彫ってはならないと日記に遺言した人間でもある。常識的な見方をすれば、永井壮吉の死は無残であったということもできよう。だが、『荷風散人』とは、はたして仮面と呼んで片づくような性質のものだったのであろうか。かりに仮面と呼んだとしても、その仮面はほとんど素顔に等しいものに化している。死を生物学的に眺めるかぎり、永井壮吉の死体はただの物体にすぎまい。だが物理的な現実にそむこうとする『精神』の領域についていうならば、『荷風散人』は日本の近代の生んだ最初の本質的な『個人』と呼ぶにふさわしい。そしてこの『個人』は、時代の対極にありつつ、つねに時代と結びついていたのである。その胸中深くかくされていた感情は、あるべき文明の姿を求めて彷徨していたが、にもかかわらず結果としては、彼を育てあげた文明の残像を自ら体現してしまった感がある」。

二つの事柄は実は絡み合っているのだが、ここではこれらの二点について触れたい。だが、後者については少し説明が必要かもしれない。磯田の文章は、荷風の最後の日、一九五九年四月二十九日の死に言及したあとの文章であるが、「本質的な個人」の誕生に関して何の説明もないからである。私は磯田の意見、荷風に「本質的な個人」の誕生を見るという意見に同意する。ただし、そこには「個人」に対する私なりの見方がある。私はかつて、本書所収の「戦争と方法的懐疑」という文章の中で荷風に簡単に触れたことがある。そこでは加藤典洋の『日本という身体』（講談社、一九九四年）に従って、武者小路実篤や小林秀雄とともに触れられた。簡単に繰り返すとこうなる。私は、加藤の次の指摘に動かされた。加藤は西欧の公私観と日本のそれとを比較して、「西欧の公私は確固とした『釘』、原点をもつ」と言い、マルクスによる「人権」と「公民権」との区別に触れた後、次のように言う。「人権は『自然のものであって不滅』であり公民権の上位に立つが、その理由はこれが『自然のものであって不滅』な『私利私欲』に立脚するからである。マルクスによれば利己的人間の権利は『一人で実行できる』自然権であり、『他人と一緒にしか実行できない』公民権に先立つ。利己心は公共心よりも『広い』のである」。更に、マルクスによれば、公民権から区別された人権、すなわち、市民社会の成員である諸個人の権利は利己的人間の権利であり、「ここで利己的人間というのは、他人から、共同体から切り離された人間ということである」。

この加藤の指摘から、私は二点もらった。第一はエゴイズムは公共心よりも「広い」ということ、第二は「利己的人間」を「他人」や「共同体」から切り離された人間とみなしていること、の二点である。そして私は加藤の言う、「利己的人間」を荷風に見たい。だからここで「本質的な個人」と荷風を呼ぶのは、この意味でのエゴイストとしての個人なのである。ただし、誤解しないでいただきたい。この「個人」は単純に国家や共同体や社会に対立するのではない。そうではなく、「私利私欲」および「エゴイズム」が「公民権」や「公共的なもの」の基礎にあるということである。特に、「個人」と「社会」の関係には注意が必要である。それは今まで、「個人」と「共同体」との関係に基づいてでしか考えられてこなかったからである。本当は「社会」とは何かから始めて、「個人」と「社会」の関係を明らかにしなければならないのだが、それはまた機会を改めて取り上げることにする。

人はよく言う、国家や社会なしには生きられない、と。またこんな言い方もする。一人では生きられない、と。本当だろうか。それは都合のよい神話なのではないか。むしろ人は一人で生きていくしかないのではないか。そして、一人で生きていくのが困難だから、他人の力を必要とするのではないか。人はむしろエゴイズムを生きるしかないのである。ただし、このエゴイズムは他人のそれと単純に対立するわけではない。「利己的なもの」が「公的なもの」と対立するわけでもない。私はこう考える。むしろ、エゴイズムとエゴイズムの関係から「社会」は生まれる、と。ただし、誤解しないでいただきたい。この場合も、「社会」がエゴイズムの上位にあるとか、優先的であるとか考えたのでは駄目。そうではなく、実在的なものはエゴイズムのみであって、「社会」はその関係から生まれる「フィクション」にすぎない。作られたものは変わるし、消えてなくなることもあるが、実在的なものはそうではない。エゴイズムを肯定して、その上に立つ「社会」を構想すること、エゴイズムに基づいて、それに根っこをもつモラルや倫理を作り出すこと、それが加藤に従って私の考えていることであり、考えることの基本にあったことである。人を排除するためのモラルや倫理ではなく、「利己心」による協力・協働やアソシエーションとしてのモラルや倫理。エゴイズムを否定して、人を「公共性」に閉じ込めるのはモラルでも倫理でもない。誰かを排除して成り立つ「社会」や「組織」はもはや生きたそれではなく、死んだ組織であり、組織のなかにいる者たちの「利害共同体」でしかない。荷風が見た、近代の日本、明治という時代がそうであったように。それはまたわれわれの時代でもあるのだが。

要するに、私は荷風のなかに「他人から、共同体から切り離された人間」、つまり「利己的個人」を見たいのである。磯田が言うように、荷風ほど徹底的にエゴイズムによってこの切断を生きたものはいない。彼は時代から遅れ、時代を錯誤し、もう一つの、あるいはどこにもない空間を作る。それは「江戸」であったり、「異国」であったり、「四畳半」であったり、「路地裏の陋屋」であったりする。彼は新政府を揶揄し、明治社会を侮蔑し、多重化されたイロニーによって「文明開化」を冷笑する。彼は江戸戯作からもらった諷刺、皮肉、誇張、仮装、演技、粉飾、揶揄、嘲笑、韜晦などによって「表面」と戯れ、市井の奥へ奥へと深く沈潜していく。そして「不施不受」の原則のもと、自分で自分を賄うという「切り離された自分の生」を徹底的に生きる。後で見るように、それは別の仕方で本物の社会と関わることであったのだが。かくして、仮面をつけた孤独な隠棲者としての「永井荷風」という表象が生まれる。このように書けば、それこそ永井荷風の思う壺であり、単純にそれを信じたのでは彼の罠にかかったことにしかならないのだが、ここはひとつそれに乗ってみようと思う。

それにしても、永井荷風はなぜかくも徹底的にエゴイズムを生きたのか。それがすべてと言うつもりはない。一つの答えは、大逆事件にあったのではないか。明治という時代の終り、近代日本の大きな転換点としてのあの事件に荷風の徹底性のはずみを見ることができるのではないか。

同じ著作の中で加藤典洋は、大逆事件から九年後に書かれた「花火」に触れつつ、荷風の決意を鮮やかに指摘する。加藤はまず、「花火」の中から「明治四十四年慶應義塾に通勤する頃、わたしはその道すがら折々市ケ谷の通りで囚人馬車が五六台も引き続いて日比谷の裁判所の方へ走って行くのを見た」で始まる名高い一節を引く。この時、語り手の「わたし」は「云うに云はれない厭な心持」がした。「わたし」は、文学者である以上、この思想問題に黙っていてはならない。しかし、「わたし」は世の文学者と共に何も言わなかった。この後、問題の言葉が「わたし」の口から洩らされる。「わたしは何となく良心の苦痛に堪へられぬやうな気がした。わたしは自ら文学者たる事について甚しき羞恥を感じた。以来わたしは自分の芸術の品位を江戸作者のなした程度まで引下げるに如くはないと思案した」。だから「わたし」は、江戸末期の戯作者や浮世絵師のように、何が起ころうが、「すまして春本や春画をかいていた其の瞬間の胸中」を尊敬しようと決めた。この箇所にはいろいろ議論がある。それは荷風一流の皮肉、他の文学者に対する当てこすりにすぎないといった桑原武夫の解釈をはじめ、ここに荷風の真面目な決意を見る者はむしろ少ない。しかし、加藤はここに語り手の「わたし」の真面目な決意を見ている。どうしてか。

「花火」という作品を最初から最後まできちんと読むと、そう考えざるを得ないからである。まず語り手の「わたし」は、昼ご飯の時、花火の音を聞く。路地裏の家々には国旗が出してあった。「わたし」は思い出した。今日は「東京市欧州戦争講和記念祭の当日」だった。「わたし」は去年の暮れ、この路地裏の家に引っ越してきた。もう半年もたった。「わたし」は今、押入れの壁を貼っている。今日は路地は静かだ。人々は日比谷か上野に行ったのだろう。「わたし」は「ふと自分の身の上がいかに世間から掛離れているかを感じた」。強い意志があってそうなったわけではない。知らず知らず、「孤独の身」になってしまった。「世間と自分との間には今何一つ直接の連絡もない」。花火はますます景気よく響いている。「わたし」は今行われている祭日のさまを想像する。それは「西洋から模倣して新たに作り出した現象の一つである」。「新しい形式の祭には屡々政治的策略が潜んでいる」。ここで「わたし」は「子供の時から見覚えている新しい祭日の事を思ひ返すともなく思ひ返した」。

十二歳の時の明治二十三年二月の憲法発布の祝賀祭。提灯行列がこの時から始まり、「国民が国家に対して『万歳』と呼ぶ言葉を覚えた」のもこの時が最初だった。それから、ロシアの皇太子が巡査によって切られた大津事件があった。「祭りと騒動とは世間ががやがやする事に於いて似通っている」。十六歳の時の日清戦争の開始。「明治三十一年に奠都三十年祭が上野で開かれた」。「明治三十七年日露の開戦を知ったのは米国タコマにいた時である」。「戦争の余栄はわたしの身を長く安らかに異郷の天地に遊ばせてくれたので、わたしは三十八年の真夏東京の市民がいかにして市内の警察署と基督教の教会を焼いたか、また巡査がいかにして市民を斬ったか其等の事は全く知らずに年を過した」。そしてこの後、例の「明治四十四年……」の文章が続く。

「自分の芸術の品位を江戸作者のなした程度まで引下げるに如くはないと思案した」後、「わたし」はどうしたのか。

「かくて大正二年三月の或日、わたしは山城河岸の路次にいた或女の家で三味線を稽古していた」。「国民新聞焼き打ちの噂」、帰ろうとしたが電車がない。「辻々の交番が盛んに燃えている最中」、「日比谷へ来ると巡査が黒塀を建てたやうに往来を遮つている」。「世の中はその後静かであつた」。

「大正四年になって十一月も半頃と覚えている。都下の新聞紙は東京各地の芸者が即位式祝賀祭の当日思ひ思ひの仮装をして二重橋へ練り出し万歳を連呼する由を伝へていた」。小学生を二重橋に行事のたびに行列させ、さらに役所が命令して路地の裏店にも国旗を掲げさせ、果ては「紅粉売色の婦女をも駆つて白日大道を練り行かせるに至つた」。「昔の祭りには博徒の喧嘩がある。現代の祭には女が踏殺される」。

大正七年八月、「米価騰貴の騒動」を初めて知る。

次に重要な一節が来る。「やがて十一月も末近くわたしは既に家を失ひ、此から先何処に病躯をかくさうかと、目当もなく貸家をさがしに出掛けた。日比谷の公園外を通る時一隊の職工が浅葱の仕事着をつけ組合の旗を先に立てて隊伍整然と練り行くのを見た。その日は欧州休戦記念の祝日であつたのだ。病来久しく世間を見なかつたわたしは、此の日突然東京の街頭に會て仏蘭西で見馴れたやうな浅葱の労働服をつけた職工の行列を目にして、世の中はかくまで変つたのかと云うやうな気がした。目のさめたやうな気がした」。

「わたし」は組合のデモ隊を見て、世の中はここまで変わったのかと思い、「目のさめたやうな気がした」。では一体、どう変わったというのか。「花火」の語り手である「わたし」は今この文章を一九一九年（大正八年）に路地裏の陋屋の一室で押入れの壁の紙を貼りながら物語っている。第一次世界大戦の終戦記念の花火が盛んに打ち上げられている。「わたし」は回想し、思案する。それは明治二十三年から始まり、米騒動まで来た。「わたし」は世の中変わったと思った。いつから変わったのか。もはや言うまでもあるまい。「明治四十四年慶應義塾に通勤する頃、……」から、つまり、大逆事件の頃から見て、世の中変わったのである。加藤は次のように言う。「すでに一九一七年にはロシア革命が成っている。日本社会も完全に様変わりし、この年、一九一八年、米騒動は全国で四三六市町村を数え、このうち軍隊出動地点は合計一〇七市町村、巷では『革命前夜』などというコトバも囁かれていた」。要するに、今や「外」へ「外」へと人々は出て行き始めたのである。「外」はもう「凩が吹きすさぶようではない」。大逆事件の頃には人は「内」に閉じ込もっていた。「外」に凩が吹いていたからである。「わたし」もまた黙ってしまった。「わたし」はその後、自分の芸術を江戸作者の程度に引き下げた。「わたし」は「外」で何があろうが、何が起ころうが、路地裏の陋屋を出ることはないだろう。そう決めた。しかし、凩が去った。人は「外」に出て、街は賑わいを取り戻した。今や、世の中変わったのである。そうだとすると、「わたし」も目を覚さなければならないのではないか。いつまでも路地裏に引っ込んで、三味線を習っている時ではないのではないか。「目に見る現実の事象は此年月耽りに耽つた江戸回顧の夢から遂にわたしを呼覚す時が来たのであらうか。もし然りとすればわたしは自らその不幸なるを嘆じなければならぬ」。

ここまで私は、「花火」に関する加藤の読み方に従って、もう一度この短編を辿り直してみた。私は改めて加藤の読み方に同意する。今、語り手の「わたし」はぎりぎりの所にいる。世の中が変わって、みんなが「外」へ「外」へと出て行くのを見て、自分にも「江戸回顧の夢」から覚める時が来たのではないかと動揺しているのである。この短編はこのように終る。「花火は頻に上つている。わたしは刷毛を下に置いて煙草を一服しながら外を見た。夏の日は曇りながら午のままに明るい。梅雨晴の静な午後と秋の末の薄く曇つた夕方ほど物思ふによい時はあるまい……」。こうしてこの短編は終る。結論はどうなるのか。「わたし」はやはり「江戸回顧の夢」から目覚めるべきなのか。私はここでも加藤典洋に同意する。「わたし」は一層徹底的に路地裏の陋屋に閉じ込もる。世の中から自分を切り離す。アナクロニズムと徹底化された利己主義へと下降してゆく。しかし、それは時代に逆らうことによって時代に関わるためにである。

それにしても、永井荷風はなぜこのような「花火」という作品を書いたのか。加藤の答えはこうである。「わたしの考えをいえば、これを彼に書かせているものは、右の最後の光景を目撃した際彼に生じている一瞬の動揺に、ほかならない」。ここで「右の最後の光景」というのは、「梅雨晴の静な午後と秋の末の薄く曇つた夕方」の光景を指しているると思われるが、このように凩が去り、「外界がだいぶしのぎやすい『梅雨の午後』となつてみれば『路地裏』の陋屋にとどまることは、無意味だというべきだろうか」と荷風は反問する。もし無意味だとすれば、大逆事件の際に感じた「羞恥」に従って、「江戸」への閉じ込もりも無意味だということになるのではないか。荷風はそのように一瞬感じた。この動揺が彼に「花火」を書かせたのではないか。加藤はそう考えた。だから加藤は、「花火」という作品を真面目に読む。それは奇を衒った作品ではない。そこには荷風の真面目が描かれている。加藤はそう受け取った。私も再読して改めてその結論に同意する。語り手の「わたし」は、「米騒動の噂は珍しからぬ政党の教唆によつたもののやうな気がしてならなかつたが、洋装した職工の団体の静に練り行く姿には動かしがたい時代の力と生活の悲哀とが現はれていたやうに」に思った。確かに、時代は変わったのだ。デモ隊に現れた「動かしがたい時代の力と生活の悲哀」は新時代のものだった。しかし、それに荷風は抵抗する。大逆事件の際の「羞恥」は今なお荷風のものであり続けている。だから、「此年月耽りに耽つた江戸回顧の夢」を手放すわけにはいかない。荷風はこの夢を見続ける。さらに深く深く、この夢に沈潜してゆく。時代からも、国家社会からも、世間からも、他人からも離れて、ただひたすら自分で自分の生だけを生きる。荷風のデカダンスの意味はそこにあった。

「花火」という作品に、私は荷風の真面目と本気とを読み取りたい。それは決して奇を衒った作品ではないと考える。「花火」は、荷風なりのいわば「反時代的考察」にほかならない。「花火」とともに、そこに春本『四畳半襖の下張り』、日記『断腸亭日乗』、そして小説『おかめ笹』を置いて考えると、荷風のこうした試みはもっとはっきりしたものになるだろう。言ってみれば、この時期にこそ、荷風は荷風になったのではないか。荷風は荷風として生成したのではないか。

荷風のデカダンスの真面目と本気は、『断腸亭日乗』にも現れている。最後にそれを見よう。この日記は一九一七年（大正六年）九月十六日から始まり、最後は荷風の死の前日、一九五九年（昭和三十四年）まで続いた四十二年間に及ぶものであった。荷風は、三十七歳から七十九歳までこれを書き続けたことになる。これはただの日記ではない。一日に三度も手を入れるような日記は作品と呼ばれてもおかしくはない。私はこの日記の開始に、荷風の決意のようなものを見たい。新しい時代の力からも、二つの戦争をもった日本という国家社会からも、世の中や世間からも、共同体からも、人々からも、他人からも自分の生を切断して、一個の観察者として時代遅れと徹底化された利己主義とを生きる「本質的な個人」への生成を見たい。孤独な隠棲者として仮面をつけて生きることは、単純に「社会」からの離脱を意味するわけではない。「社会」と言っても、まずその社会なるものに注意が必要だ。荷風は見える社会からは離脱したが、生活を止めたわけではない。一人になったからと言って、人からまったく切れて生活をしたわけではない。話は逆である。

川本三郎は『荷風と東京』（都市出版、一九九六年）の中でこう言っている。「単身者の荷風は食事、買物を自分でしなければならず、そのぶん、通常の男に比べはるかに日常生活に敏感だった。世捨て人、隠棲者である筈の荷風が実は誰よりも世事に敏感だったことも、荷風の逆説のひとつである。荷風は毎日のように生活必需品を自分で買うことによって、現実社会の変化を実感していた。いわば、荷風はモノ、さらにいえば物価によって社会と深くつながっていた」。川本の言う、「モノ」や「物価」による社会とのつながりを私は重く考える。そこに現れて来る「社会」こそ現実的諸個人がさまざまな関係によって作る見えない社会だったからである。それはいかなる意味でも「共同体」ではない。共同体から区別されるこの「社会」をロジックによって明らかにしなければならない。私はかつて、柄谷行人に従って、それを「個別性−一般性」モデルから区別された「単独性−普遍性」モデルとして考えたことがある。これを理論的に示すことだ。そうすればこの見えない「社会」のロジックがはっきりするだろう。荷風の孤独は、決して物理的な「一人であること」ではない。荷風の「一人であること」は、その根底で深く現実の諸個人に結びついている。路地裏の陋屋は、「社会」に開かれている。徹底的な離脱は、別の関わりへの始まりだった。近代日本への侮蔑は、そこで懸命に自分の現実的条件を生きる諸個人へのオマージュだった。

川本三郎の文章に一言。川本は先の文章で「荷風の逆説」と言うが、そうではあるまい。単身者こそ、むしろ社会と結びついてでしか生きていけないはずだ。自分ですべて賄うしかないからである。家族がいれば、親が妻が子供が生活の物質面を肩代わりすることも可能だが、単身者であるとは一人で一人だけですべてをやらざるを得ないということである。だからこそ、単身者としての荷風は世の中に深く関わらざるを得ない。例えば、食事ひとつとってもそうだ。逆に家庭に支えられた男は、安心して「観念的に」社会に出て行くことができる。しかし、実際には、その男はちっとも「社会」になど関わっていないのではないか。せいぜい、会社や組織という共同体に関わっているだけではないのか。こっちの方がむしろ「逆説」でなければならない。ここでさらにもう一つ、「逆説」を付け加えた方がいいのかもしれない。荷風の利己主義は「社会」への広い通路をもつが、逆に「社会主義」を唱えた何と多くの人々が単なる自己保身に陥ったか。「自由と平等」を唱える何と多くの人々が「不自由と不平等」を他人に強制してきたか。騙されてはいけない。

日記に戻ろう。多くの論者に引かれている有名な個所を、私もまた引用したい。自分なりに考え直すためにである。まずは、一九一九年四月六日の日記。「日は高くしてなお起出るに慵し。朝の中褥中にありて読書す。感興年と共に衰へ、創作の意気今は全く消磨したり。読書の興もまた従つて倦みがちなり。新聞紙の記事によりて世間の事を推察するに、天下の人心日に日に凶悪となり富貴を羨み革命の乱を好むものの如し。余この際に当りて一身多病、何らのなす所もなく、唯先人の遺産を浪費し暖衣飽食空しく歳月を送るのみ。胸中時として甚だ安ぜざるところあり。然れどもここに幕末乱世の際、江戸の浮世絵師戯作者輩のなせし所を見るに、彼らは兵馬倥偬の際といへども平然として泰平の世にあるが如く、あるいは滑稽諷刺の戯作を試みる者あり。あるいは淫猥の図画を創作する者あり。その態度今日よりこれを見れば頗る驚嘆に値すべきものあり。狂斎の諷刺画、芳幾の春画、魯文の著作、黙阿弥の狂言の如き能くこれを証して余りあり。余は何が故に徒に憂悶するや。須く江戸戯作者の顰みに倣ふべきなり」。言うまでもなく、荷風はまっすぐに自分の進路を辿ったわけではない。「余は何が故に徒に憂悶するや」「須く江戸戯作者の顰みに倣ふべきなり」があった。それから改めて「須く江戸戯作者の顰みに倣ふべきなり」があった。加藤も指摘するように、これは「花火」を書き終える三カ月前の記述である。

もう一つ、今度は「花火」と同じ月、一九一九年七月一日付の日記。このなかで作品「花火」への言及がある。「独逸降伏平和条約調印記念の祭日なりとやら。工場銀行皆業を休みたり。路地裏も家ごとに国旗を出したり。日比谷辺りにて頻りに花火を打揚る響聞ゆ。路地の人々皆家を空しくして遊びに出掛けしものと覚しく、四鄰昼の中よりいつに似ず静にて、涼風の簾を動す音のみ真立ちて聞ゆ。終日糊を煮て押入の壁を貼りつつ祭の夜とでも題すべき小品文の腹案をなす。明治二十三年頃憲法発布祭日の記憶より、近くは韓国合併の祝日、また御大典の夜の賑など思出るがままにこれを書きつづらば、余なる一個の逸民と時代一般との対照もおのずから隠約の間に現し来ることを得べし」。ここでは「花火」の腹案が語られ、「余なる一個の逸民と時代一般との対照」にまで筆が及ぶ。この時期の荷風の狙いはここにある。荷風散人なる自己のエゴイズムを徹底的に生きる「一個の逸民」を「時代一般」へと桔抗させること、その意志をここに見ることができる。私はここから荷風の実験、近代日本において誰も試みなかった、そしてそれは今なおわれわれの決定的な不足分である実験が始まったと考える。それはどんな実験だったのか。時代と国家と共同体から自分の生を消し、いわゆる「路地裏の陋屋」へと隠棲し、そこからさらに深く深く下降するという試みによって荷風は何をしたのか。それは、この近代日本社会において「社会的生」を殺して何が見えてくるかの実験だったのではないか。自分の「社会的生」を殺して、そこから人々の「社会的生」のからくりを観察するたった一人で試みられた実験だったのではないか。

かつて、太田省吾は阪神大震災に触れてこう書いた。「私たちは、社会的存在として、〈私〉の存在理由、価値、目標などをつくり出すという生活の知恵をはりめぐらせて生きている」。しかし、私たちの生は「社会的生」に尽きるものではない。それに還元されてしまうものではない。太田は続ける。「しかし、同時に、その生活の知恵は、『いつでも引き剥がされる程度の装飾品』かもしれないという感覚も私たちは隠しもっているのではないだろうか。私たちが、生きもの（生命存在）として、偶然性に満ち、せいぜい百年をしか生きない存在であり、『〈在る〉ことに、いささかも必然的理由も起源も目標もないという過酷な事実』をわかっているということだ。その面が、地震などという、社会的存在にとっての一種の死に際して明らかになる」（朝日新聞朝刊、一九九五年六月十八日）。私の生から「社会的生」を還元して何が残るか。太田は、「生きものとしての」私の生が残ると言う。私も、この生物としての、生命としての「私の生」にこだわりたい。

荷風はもちろん地震を見た。戦争も見た。世の中のひっくり返りも見た。そのなかを誰がどう生きたかを見た。近い過去としての江戸から東京への化け方、旧幕臣という敗者たちの精神の在りよう、薩長という勝者たちの下品を見た。荷風は敗者たちから学んだ。例えば、成島柳北から学んだ。私も加藤典洋に倣って言おう。失敗や敗北は、常に成功や勝利よりもスケールが大きい、と。荷風にはこのスケールの大きさがある。言うまでもなく、「社会的生」より生物としての私の生の方がスケールが大きい。生物としての社会性に比べれば、私たちが今「社会的」という名前で呼んでいるものなど何ほどのものでもない。しかし、人々はその「社会的なるもの」によって生かされもし、殺されもする。荷風の観察はそこに及ぶ。荷風は「生きものとしての」私の生に立って、死ぬまで「一個の逸民」たるをやめなかった。加藤典洋は、荷風についての自身の考察を次の言葉で締めくくっている。「それは、この大正デモクラシーの時期に『新』を唱えず、軍国主義の時代に『革新』も『高度国防国家体制』も唱えず、戦後の時代に『中立』も唱えず、ただ『江戸戯作者の顰に倣』うことに徹した小説家をさまざまに姿を変え、住まわせ、最後、市川市菅野の一軒の家屋にいたり、彼の終の栖となって彼を看取る。一九〇五年に指摘されたあの『しぼみ』による江戸の回復は一九一〇年をすぎて自覚的な江戸戯作模倣者の出現に結実している。一九五九年、彼は通いの手伝いの老婆に死んでいるのを発見されるが、わたしの観点からは、『われは明治の児ならずや』とうたった永井は、むしろ明治の死を誰よりも徹底して生きた、徹頭徹尾、最初の明治以後の人間だった」。だからこそ、永井荷風という作家は私にとって魅力的なのである。

これでオシマイ。荷風の晩年について。川本三郎は同じ本の中で次のように言う。「『断腸亭日乗』を読んでいてまず驚くことは、荷風が自分を『老人』と見ていることである。前述したように、『断腸亭日乗』起筆のとき荷風は三十七歳。いくら平均寿命がいまより短かった時代とはいえ、決して老け込む年齢ではない。にもかかわらず、荷風は自分のことを隠居した老人のように見ている」。私も川本の言うように、荷風には老人趣味や老人への「やつし」があったと思う。自分を老人に仕立てあげることで、意図的に終ったところから世の中を観察するという「思考実験」があったと思う。「やつし」という手立ては、そのためには実に好都合だった。しかし、この「やつし」は単なる仮装ではない。それは荷風の晩年意識と結びついて単なる仮装を超えている。私には、荷風がこの日記を書き始めた三十代半ばぐらいから自分の生を晩年と感じていたのではないかと思われる。そして、長い晩年は六〇年安保の前年の死まで続いた。荷風の晩年意識および晩年の具体的内容については、「日記と散歩とお金」と題してまた別の機会にまとめたい。もちろん、中断をはさんで「花火」の前後に書かれた『おかめ笹』論を忘れずに。

（97年1月号）

無愛想とぶっきらぼう

魅力というのはどんなものなのか。

愛想がないというのは、通常、魅力的とは言われない。ぶっきらぼうというのも同じだろう。だが、私は、愛想のなさに魅かれる。男でも女でもぶっきらぼうの感じが好きだ。態度でも語り口でも無愛想でそっけなく、ぶっきらぼうな方がいい。かくいう私自身は、無愛想でもぶっきらぼうでもない。特別愛想がいいというわけでもないが、無愛想にもぶっきらぼうにもできない。

無愛想でぶっきらぼうだということは、社交的ではないということだ。人との交わりに隔たりがあるのだろう。私なりの言い方をすると、いつも、自分の気分をひきずっているということになる。社会にいるよりも、常に自分のところにいる。自分と自分との関係が、物を見るようにそっけない。それが気配として、気分として、他人の前でも消えない。私にはこれが面白い。自分が自分に対して無愛想であること、そしてぶっきらぼうであること、これが魅力的なのである。

要するに、誘惑的なものと正反対なものに私は魅かれる。無愛想やぶっきらぼうやそっけなさは、表情や態度や身振りや仕草に現れる。そして、語り口や言葉にも現れる。

先日、朝日新聞で村上龍のインタヴューを読んだ。「二十一世紀を前に」という企画の第一回目の登場者が、この作家だった。私はこの作家のよい読者ではないが、去年の「倫理学」の授業に『トパーズ』と『ラヴ&ポップ』という作品を取り上げた。現代の日本の社会を倫理と道徳の観点から考えるための手掛かりとして、彼の二つの作品を学生と一緒に読んだ。私は初めて彼の作品を精読した。その後、『テニスボーイの憂鬱』をはじめ、何冊かまとめて読んだ。読みながら、この作家がかつてこんなふうに自分を語っていたことを思い出した。もし作家にならなかったら、何をしていたかと尋ねられた時の彼の言葉、「長距離トラックの運転手になっていたでしょうね」。村上龍は、そっけなくそう言った。私にはこの言葉が面白かった。これは、謙遜とか韜晦とかではまったくない。実によく自分の才能の質をつかまえていると感心した。彼はトラックの運転手が出来る人なのである。生きていくためならば、普通にそう出来るのである。何だ、当たり前じゃないか、そんなこと、そう思われるかも知れない。ところが、そう出来ない人々を私はたくさん知っている。そう出来ないのにそのことを知らない人々を、知ろうともしない人々をたくさん知っている。出来ないのに出来ると思い込んでいる人々をたくさん知っている。「トラックの運転手」はそう簡単ではない。私には出来ない。村上龍の本領は、この言い方にあるように思われる。彼の言葉や表現は、「長距離トラック」を運転して家族の生活を支える人の思考と感覚に貫かれている。しかも、彼はこの思考と感覚を徹底的に疑う。この疑い方が面白い。彼は、単に知性によってではなく、本能化された知性によって疑う。だから、この思考と感覚に貫かれてはいるが、それはいわば本能化された知性批判をくぐり抜けたものなのである。彼の知性は驚くほど本能的である。本能化された知性は、決してマテリアルなものから上昇しない。それはどこまでも物質的、身体的である。これほど本能的でありながら、これほど知性的な作家はめずらしい。言ってみれば、深夜、「長距離トラック」に乗りながら、同じ思考と同じ感覚で現代の社会をつかまえる術をもっているかのようだ。彼の文章にはまったく別の知性の働きがある。

私は新聞を読むのが好きだ。何もしない時間のほとんど新聞を読んでいる。熱心に読む個所はそのつど変わるが、最近は経済欄をよく眺める。数字が好きなのである。そのそっけなさがいいのである。景気や物の売り買いの動向や金の流れをよく数字で表すが、そういうものが載っているといつまでも眺めている。

もうずっと以前のことなので、今はあの感覚をもう忘れかけているが、不眠症で苦しんだことがあった。いつも時間だけはたっぷりあったから、それで実害を受けたということはない。しかし、眠れなかった。切り抜け方はいろいろあったが、今でも時々やるのは、詰め将棋や詰め碁である。寝る前に、それらの記事を頭の中にしまっておいて、寝ながら架空の盤を相手に駒や碁石を動かす。ちょうどくたびれた頃が眠り時だ。だが、このタイミングが難しい。もう一つは、数字である。ただし、数字に文章が混じっているといけない。文章のところで眠れなくなる。数字だけのものが望ましい。それも統計のようなものがよい。私がよく利用したのは、競馬欄のデータである。出馬表に載っている一頭一頭には、勝ち馬を推理するためのいろいろなデータがついている。例えば、前走の、前々走の、……五走前の成績といったように、走破タイムや着順や体重など、数字で示されるものが少なくない。私には、それが面白いのである。一日に十二レースあるから、開催日の前は寝床で退屈することはない。私はほとんど馬券を買ったことがない。函館時代に兄と何度か競馬場に出掛けたぐらいで、馬券には興味がない。馬が走るのを見るのが好きだから、テレヴィは見る。ほとんどの馬のことは知っている。たまに勝手に予想した通りの結果が出ると、妻に報告する。彼女はそれが不思議らしい。自分で予想して、自分で結果を喜ぶ。しかし、基本的には、競馬のことはどうでもいい。私が面白いのは、ぼんやり数字を眺めていることなのである。それも寝床で。

この「二十一世紀を前に」という企画の趣旨は次の通り。「あと三年で二十一世紀。世界的に、社会、経済、政治などあらゆる分野で混乱がおき、これまで通用してきた手法や価値観がゆらいでいる。新世紀に向けた課題を聞いた」。いかにもという文章だが、これが新聞なのだろう。本当は、どこがどう揺らいでいるのかを考えることで、課題の大半が解るはずなのだが、こういう具合に具体性をまったく示さないのが、新聞流なのである。何となく、人々の「揺らいでいる」と考えているらしい常識を共通のこととして話は進む。ところが、村上の態度はそんな共通性にまったく乗らない。一言でいうと、無愛想なのである。別の言い方では、ぶっきらぼうなのである。私にはそれが魅力的だ。

初めに、彼は、こんなふうに尋ねられた。「インターネット上に小説を書きました。どこに魅力を感じたのですか」。村上は自分の行為を説明する時には、ぶっきらぼうでも無愛想でもない。実際彼は、この問いに対して、普通に答えている。それは、メディアとしての新しさによる。紙の媒体に書くよりずっと速い。このネットに発表した『tokyo-DECA-DENCE』という作品は、原稿を書いてから二週間後に英訳と一緒にネットに載った。ちなみに、『コインロッカー・ベイビーズ』は、英訳出版するまでに五年もかかっている。記者の編集ということを考慮しても、こんなふうに、村上は自分の行為や事実についての説明では私の期待に反してごく普通だ。ところが、その行為や事実の意味に関わる質問になると、彼は無愛想でぶっきらぼうになる。記者が、「原稿用紙に書くのとは違いますか」と尋ねる。彼は答える。「同じだ。活字で書くとつまらないけれど、ネットで書くとおもしろいということはあり得ない」。これだけでは伝わりにくいかも知れないが、こういう受け答えに関して、彼はほとんど間違えない。いつでも彼は意味にではなく、物につく。自分の思考や感覚を物の側に持ってゆく。いや、もっと正確には、彼の思考や感覚はもともと物質的なのだ。それが彼の才能なのだろう。

インターネットでの情報のやり取りの特徴を、彼はこんなふうに言う。ネットを使う情報伝達の仕方は、日本型のトップダウンのそれではない。それは、上から下に行く情報の流れではなく、自発型だ。

「そういう民主的メディアだ。いろんな情報が集まり、更新され、その速度が速く、何の制約も受けない」。そうすると、インタヴュアーはこういうふうに誘惑する。いや、この聞き手の頭はこんなふうに作られてしまっている。「そういう情報の流れは、社会の仕組みを変える力を秘めていませんか」。常套句という奴だが、案外これが大敵なのである。しかし、村上の無愛想とぶっきらぼうはここで働く。言い換えれば、彼の本能化された知性はここで機能する。「ネットが、社会変革につながるなどと大げさに考えない方がいい。ネットのあるなしで人間が大きく変わることはない。試行錯誤の段階だから問題や矛盾はいっぱい出てくるだろう。しかし、だからネットは駄目だということにはならないし、逆に素晴らしいと過大に期待するのも違う」。彼の言葉はこれ以上進まない。この無愛想でそっけなくてぶっきらぼうのところから一歩も出ない。それが魅力なのである。彼の答え方は、現実を数字に換算して提示するのに似ている。現実を数字で表す態度に似ている。でも、妙な言い方になるが、その数字がきわめてリアルなのである。最後のやり取りもやはり同じだ。質問、「二十一世紀には、インターネットはどう発展するでしょうか」。無愛想な答え、「ネットは国境を越えるコミュニケーションの道具なので、今後どうなるのか。いたずらに将来を予測して安心したり、不安になったりしてはいけない」。

『トパーズ』(角川文庫)という作品集の最初にある、文庫本でわずか十三頁の「トパーズ」という物語は、風俗の店で働く「あたし」の一日の話である。「その男とすれ違った時あたしの内臓のうちの一つが爆発したような感じがしてその場に崩れおちそうになってしまった」。書き出しの文章である。この物語は、実は、「あたし」の「その男」に対する純情を主題にしている。「なぜそんなにショックだったかと言えばあたしはその土曜日の昼下がりがとてもイヤなタイプの客とプレイをしてきたばかりで心がとても沈んでいて事務所に寄る気にもなれずに何か気の晴れるような買いものをしようと思って青山を歩いていて、中学の頃からずっと好きだったその男のことをずっと考えていたからだ」。この男は、「作曲家で歌手で映画も作って時々小説も書いたりしている」。「あたし」は、いつでも、この四十歳を越えたこの男のことを思っている。その男が突然、イタリア料理店から出て来て、車に乗って消えてしまった。「あたし」は、隣の宝石屋に入っていく。店長が、何も言わずに「あたし」の指を見て、「これはトパーズが似合う指だ」と言う。その時の「あたし」の反応。「宝石屋に入ってからもあたしはずーっとその男のことを考えていて頭の中にはその男の顔や音楽や絵が詰まっていたので、トパーズと言われた時に、まるでその男があたしに話しかけてくれたような気がした」。だから、「あたし」は、「ザーメンが染みついた三枚の一万円札を頭金」にして、このトパーズの指輪を買った。

物語は、「あたし」がこのトパーズを失い、それを取り戻すまで続く。「あたし」の行動は、SMクラブの仕事とこの男についての空想との二つの次元にまたがる。「あたし」は店のママさんに連絡を取って、客の待つ高層ホテルの一室に行き、客の好むいろいろなプレイを強いられる。変態の欲望に応えながら、「あたし」はあのあこがれの男の幻を追いかける。客とのプレイが現実で、あの男について思うことは空想でしかないが、「あたし」の中ではすでに逆になっている。リアルなのは、あの男なのである。しかし、このリアルはプレイという現実の前では無力だ。例えば、こんなふうに。これはあの男がいたイタリア料理店で「あたし」が彼のことをいろいろ想像している時に、仕事の電話によってプレイの現実に連れ戻される場面だが、「あたし」はちゃんと知っているのである。何が現実かということを。「電話を切った時、長身のウエイターの笑いが途切れたような気がして頬ぺたが赤く熱くなってくるのがわかって、店を出る時もあたしの黒くて大きなバッグに入っているいろいろなSMセックスの道具がガチャガチャ音を出してそれがプレイの時に無理やり言わせられる恥ずかしいおしゃべりみたいに聞こえてきて、あたしはあの芸術家が与えてくれた夢の残骸を必死になって捜したがもうどこにも残っていなかった」。

トパーズの指輪をなくした。ヤマギシという客に呼ばれて、ホテル・ニューオータニの一室で四時間プレイした時、そこに忘れたことに気づいた。これもきっかけは、あの芸術家の男のことを思うことによってである。「あたし」の行動の中心には、常に、「あの男」のことがある。それは現実ではないという意味では空想なのだが、それが行動の中心にあるという点ではリアルなのである。「あたし」は、あの芸術家のために、バーで会った「青白い顔」の「アラミスのコロン」をつけた、それがとても臭くて嫌な男とも寝た。そのコロンの男が、あの芸術家のことを知っていると言ったからである。彼は芸術家に電話して留守番電話で実際の声を聞かせてくれた。その時、「あたしは心臓が破裂するくらいドキドキして結局何も言えなかったけど涙が出るほどうれしくなって、その男の部屋について行って」、ただでプレイをしてあげた。

指輪はやはりあのヤマギシの部屋にあった。「あたし」が酒をのんで気持が大きくなったこともあり、彼の部屋を直接訪ねて行って、取り戻すことができたのである。最後は、こんなふうになっている。「自分の部屋に帰って、まず青白い顔の男から貰った雑誌を出して、芸術家の写真を切り取り、壁に貼って、好きよ、と言いながらその小さな写真にキスしたが、とても小さな人形に恋をしているようないい気分になって、高校時代の友達に、声を聞いた、と電話して、その後、あたしはトパーズの指輪を一時間近く、ずっと見つめていた」。

ところで、「あたし」の行動の中心にある、この人物、芸術家とは誰なのか。この男は何なのか。答えは、村上自身が「あとがき」に書いている。「一九九八年、九月　パリ」で書かれたこの文章は、忘れがたい印象を残す。「風俗産業に生きる女の子達は、ある何かを象徴している」。何の象徴なのか。「女性全体の問題」でもあるし、「都市全体」でもある。村上は、今の日本の女の子達は「異様に明るい」と言う。その陽気さをもてあましている、とも言う。「彼女達は、必死になって何かを捜しているが、時折それは、男や洋服や宝石やフレンチレストランという具体的な形になって現れ、またいつの間にか消える」。では、それは何か。村上は書く。「彼女達が捜しているものは、実はそういう具体ではなく、これから先、人類が存続していく上で欠かせない『思想』なのだと思う」。問題は、この「思想」である。村上はこれは「既に失われて二度と戻って来ないもの」ではなく、「これからの人類に不可欠で、いずれそれは希望に変化するもの」だということを信じていると言う。
私ならば、この「思想」を本能化された知性と呼ぶだろう。村上の文章は、実にそっけなく、無愛想でぶっきらぼうだという意味では、非社交的だが、希望への転化を信じるという点ではユニヴァーサルだ。『トパーズ』は、現代の都市を生きる女の子達の「ある戦いの風景」を内側から描いた古くて新しい物語である。

（98年2月号）

漫才と社会主義

電車の中で本を読んでいて、涙が止まらず困った。向かい合わせの座席なので、こちらの異変を感じ取った人が、私の目元のあたりをじっと見ていた。何とかこらえようとしたが、眼鏡がくもり、そこから少しこぼれた。歳のせいでもあろう。

初めに、一九九八年二月二十二日の朝日新聞朝刊で富岡多恵子による書評を読んだ。こんな言葉があった。「『漫才』という二人芸／おもしろさと哀しさ」。

漫才に興味があったわけではない。横山やすしに格別の何かがあったわけでもない。富岡の批評の面白さと冴えに惹かれた。それは、昭和の初めの秋田實のマルクス主義から始まって、秋田の知ることのなかった、現代のテレヴィ時代の「大衆」の話で終っている。その時間の幅の中に、横山やすしの漫才芸がある。秋田實の社会主義から生まれた漫才を支えた寄席時代の「大衆」とテレヴィでお笑い番組を楽しむ「大衆」との間に、やすしの芸の輝きと哀しさがある。テレヴィは、やすしを殺し、相方のきよしを救った。

私は、富岡の小説のよい読者ではない。それでも、一時期、修士論文で富岡多恵子を取り上げた米国からの留学生に付き合って、おおかたの作品には触れた。米国の大学で日本文学を専攻する留学生は、富岡の小説を部分的に英訳しながら、一文一文ていねいに読んでいた。彼女の音読を聞きながら、この時私も富岡の小説のいくつかを精読した。でも、私には自信がない。その小説には、富岡の批評文ほどの魅力が感じられなかったからだ。これは今でも変わらない。だから、私は富岡の小説のよい読み手ではない。

彼女の書評は、小林信彦の『天才伝説　横山やすし』（文藝春秋、一九九八年）についてであった。私は二つの「大衆」に興味をもった。富岡はこう言っている。「漫才」は、祝福芸の「萬歳」から自然に生まれてきたものではない。それは、秋田實の創造なのである。「漫才」はボケとツッコミという役割を受け持つ二人の日常の言葉でのお喋りから成り立つ芸である。東大新人会出身の純情マルクス青年、秋田は、そこに「イデオロギーというより『志』というべきもの」をこめた。「漫才」が「漫才」として成り立つためには、もちろん、それを楽しむ観客がいる。直接、演芸場に足を運び、お金を払って見に来る人々がいる。だから、秋田の社会主義はこの「大衆」とともにある。この「大衆」を富岡はこんなふうに描く。「……、大阪で、一騎当千の横山やすしの漫才を演芸場の客席で見ていた観客は、彼を天才だなんて、ことさら思わなかった。だから舞台をおりた芸人が迷惑をかければ、対等にケンカしただろう。まして、芸人に、よき父親たれなどという観客はいない」。

こんな観客を前にして漫才を演じた横山やすしがいた。あいつ、オモロイやないか、それだけで客は金と時間を使う。つまらなくなれば離れていくだけだ。演芸場における漫才師と観客の関係に何の難しさもない。楽しむ客がいて、楽しませる芸人がいる。それは職業的な関係なので、そこに金と時間が介在する。だから、観客は芸人を育てることもできるし、見捨てることもできる。漫才の芸が東京では色物の一つで、逆に大阪ではメインになったのはそれをそれとして受け入れた彼我の観客の質の違いからである。東京では、中心は一人芸の落語でなければならなかった。

言うまでもなく、漫才は二人がかりの芸である。それは、どこまで行っても、二人で一つのものを作るという条件を越えることができない。だから、相方を欠いた漫才師は芸人としては死ぬしかない。私たちはそんな例をいくつも知っている。コンビ別れから自殺に至るまで、他方を失うことは致命傷になる。一人になって、漫談に活路を見出すという道もあるが、それで成功する漫才師はいない。漫談は落語とは違うが、やはり一人芸なのである。漫才師は二重の恐れをもっていることになる。一つは相方に対して、もう一つは観客に対して。いずれにせよ、見捨てられたらおしまいなのである。

私はテレヴィ時代の吉本興業を好まない。大阪で松竹芸能を蹴落とし、東京にその名が知られ、全国的に「ヨシモト」と言われるようになった吉本興業のタレントの何が面白いのかさっぱり解らない。小林信彦の言うように、テレヴィはプロの芸人を必要としない。素人と半素人が一番いいのである。芸人はテレヴィをはみ出してしまうからである。興業会社はやがて劇場から撤退していくことになるだろう。マルチメディア産業でも何でも好きな道を進むだろう。落語は古典芸能となって既に「芸術」になってしまった。二人の人間国宝もいる。だが、漫才はどうか。漫才の何が残って、何が消えるか。古典芸能としての漫才は、漫才の死以外の何ものでもない。

さて、もう一つの「大衆」である。彼らはもはや演芸場にはいない。彼らは芸人に、家族愛よりもよき父親よりもオモロイ話を期待して金と暇を使う人々ではない。富岡はこんなふうに言う。「しかし、テレビ界及びその観客はちがう。秋田實の社会主義はそういう『大衆』を知らなかったが、『漫才』はそこに矛盾を見せたのである」。テレヴィを見ることの本質とは何か。観客がスウィッチを握っているということである。つけることも消すことも自由に出来るということである。だから、見る者の現実は画面の向こう側と何ら関係がない。例えば、画面で火事の現場を映している。テレヴィの観客はそれをどんなに切実なものと思っていても、消そうとすれば消せるのである。もちろん、画面が消えたからといって、現実に起こっている火事が消えてなくなるわけではない。しかし、テレヴィの観客はそれをスウィッチ一つで消すことが出来る。現実の火事に遭遇した時にはこうはいくまい。火の粉も飛んでくるし、その場の喧騒や突発事や恐怖や驚愕を味わわないわけにはいかない。また、そこを逃げ出そうとしても、背後の火の熱さを受け取ることになるだろう。だが、テレヴィの画面はスウィッチ一つで消える。

後は、見る者の想像しか残らない。

テレヴィで漫才を楽しむ人々は、西川きよしの方を好んだ。それが本当のことだったかどうか解らない。やすしがいろいろな事件や事故を起こさなかったとしたら……。だがそう思うことはやめよう。富岡の言う、テレヴィ時代に見せた漫才の「矛盾」とは何か。一方で漫才師にハチャメチャさを求め、他方で彼らにまっとうな生活人の態度を要求するということか。テレヴィの中の目茶苦茶は楽しくて、生活の中のそれは許せないということか。一言でいえば、横山やすしの芸は危険なものだった。だが、西川きよしのそれはどこまでいっても無難のものでしかない。そして、人々はいつも無難なものを選んだ。やすしの過剰性や偽悪趣味や崩れを目茶苦茶オモロイとたっぷり楽しみ、きよしは偽善的で世渡り上手で演技にたけていると言いながら、情の人であるきよしを選ぶ。それはテレヴィ時代の「大衆」だけではない。テレヴィ時代のタレント、「ヨシモト」で飯を食わざるを得ない芸能タレントも同じだろう。小林信彦はやすしの葬儀の際のきよしの言葉を取り上げていた。それは、吉本興業という会社の中で少しずつ自分の地位を築いていって、ついに頂点に上りつめたきよしの凄みをうかがわせる。こんな男と喧嘩をしたらかなわんやろうな、そう思わせるに十分な恐さを感じさせる。でも、葬式の場で堂々とそれができることが彼の才能なのだろう。それに比べたら、選挙なんて。

富岡の書評は、こんなふうに終る。「横山やすしのアイカタは国会議員となり、かつての師匠は知事になっている。二人芸のおもしろさと哀《かな》しさが漫才にはある」。きよしの選挙は、吉本興業という会社挙げてのそれだった。いわゆる、選挙のたびに至る所で見られる「会社ぐるみ」の選挙である。大阪の芸能タレントは、一丸となって選挙に取組んだこの「共同体」を離れて活動しても、マイナーな場所しか残されていないのかもしれない。「ヨシモト」の肥大が甚だしいからである。そのことが大阪の笑いをつまらなくしているにもかかわらず、吉本のテレヴィ支配、メディア支配は弱まる気配はない。

しかし、それを支える「大衆」がいることを忘れてはならない。私は今まったく顔を見せなくなった太平サブロー・シローのシローの芸が好きだった。もともと吉本に所属していたこのコンビは、吉本を離れ、東京で活動していたが、コンビ別れをして、サブローだけが吉本に復帰して活躍している。この二人の得意の芸の一つに他の漫才コンビの物真似があるが、皮肉なことに、横山やすしの真似の得意なサブローが残り、西川きよし役を演じたシローが消えた。サブロー・シローには、秋田實の時代の匂いが濃厚に残っていたように思う。しかし、今の吉本にはこんな匂いを残しておく余裕がないのだろう。この会社には、離れていった芸人は裏切り者でしかないのだろう。大阪の笑いを吉本に代表させるのは間違っている。繰り返しになるが、それは、テレヴィ時代の「表象」でしかない。

秋田實の「漫才」とは何か。柄谷行人と浅田彰と久野収の三人が面白いことを言っている。久野へのインタヴュー、「京都学派と三〇年代の思想」(『批評空間』Ⅱ-4、一九九五年)の終りのあたりで、柄谷は次のように言う。「さきほど久野さんは、日本にはレトリックの論理が欠けている、一人芝居、一人演説の世界で、それをどういうふうに壊すかが問題だと言われたし、また知識人の言語に閉じこもっていてはいけないと言われた。ぼくはそのことで思うのは漫才のことです」。富岡も言うように、「漫才」は旧制大阪高校出身のマルクス青年、秋田實が大阪に帰って、横山エンタツと一緒に作り上げたものである。浅田は、秋田實の「漫才」を「マルクス主義を大衆化」したものだと言う。秋田の、イデオロギーではなく、この「志」を当時理解する者はほとんどいなかったのではないか。久野は言う。「今になって秋田實の偉さがわかってくるというのは、われわれの全く至らんところでしてね。庶民の言葉と対話を、庶民に埋没せず思想的に使っていくというね」。

秋田の社会主義の「大衆」は、決してもの言わぬ大衆ではない。浅田は、吉本隆明のそれに対して、秋田の「大衆」を「本当はうるさくしゃべくりまくる漫才的大衆」と言う。富岡多恵子が演芸場で芸人とチョウチョウハッシ言葉のやり取りをする観客として考えているのも、この「漫才的大衆」であろう。しかし、この「漫才的大衆」はもはやいない。それは、今や、テレヴィの前でごちゃごちゃしゃべりまくる「テレヴィ的大衆」に取って代わられた。

横山ノックや西川きよしを当選させたのは、この「テレヴィ的大衆」だったのではないか。世の中の「良識」を形づくり、世間の「常識」を代表し、「世論」の担い手である「テレヴィ的大衆」にとって、彼らは自分たちと同じ世界に住む等身大の住人なのだろう。だから、きよしの偽善的演技は彼ら自身のものであり、ヘレンとの愛情物語は自分たちの家庭劇にほかならない。ちょうど見合っているのである。吉本興業という会社の中でのきよしの苦労は、彼らの勤め先での苦労であり、きよしの人生の泣き笑いは彼らの人生の泣き笑いなのである。ついでに言えば、彼らにとって、ノックのアホさ加減はちょうど安心できるアホさ加減なのである。しかし、横山やすしはここをはみ出す。ここを過ぎていく。では、どこに行くのか。

横山やすしの漫才師としてのデビューは、一九五九年である。松竹新演芸に所属し、芸名は「堺伸スケ」である。秋田實がそう名づけた。その後、横山エンタツに師事していた横山ノックに弟子入りをして、「横山やすし」となる。やすしは先輩のなかで特にダイマル・ラケットのダイマルを尊敬していたという。そのダイマルは、エンタツを最もよく彷彿とさせる芸をもっていた。小林信彦が言うように、やすしは漫才の歴史で言えば、エンタツ、ダイマルの系譜の中にある。しかし、ここにはもう秋田實も横山エンタツも「漫才的大衆」もいない。

先のインタビューの最後に、柄谷行人は一九八〇年代初めの漫才ブームに触れてこう言う。「ビートたけしが『漫才病棟』という小説で書いていますが、自分は秋田實なしにやらなければいけないエンタツのようなものだと言っている。秋田實の役もしなきゃいけないから、辛い、と」。辛さは、秋田實の不在から来るだけではない。もう一つ、秋田實の知らなかった大衆、私が勝手にそう呼ぶ、「テレヴィ的大衆」の存在からも来る。秋田實の社会主義が「漫才的大衆」に基づくものだとすれば、「テレヴィ的大衆」に基づく社会主義とは何か。社会主義という語を不用意に使うべきではないが、私は小林信彦の本を読みながら、終始そんなことを考えていた。

(98年3月号)

二つの文章

文章は恐ろしい。恋も恐ろしい。でも、今の私にとってはやはり文章が恐ろしい。恋と文章には共通点がある。恋は、恋をしなければちっとも恐ろしくない。文章も、文章を書かなければちっとも恐ろしくない。恋に無縁の者にとって恋が何ほどのものでもないように、文章を書かない者にとって文章も何ほどのものでもない。しかし、恋をする者にとって恋が恐ろしいように、文章を書く者にとって文章は恐ろしい。書くことは恐ろしいのですよ、茂吉さん。

新聞もたまには面白い組み合わせを作るものだ。昨日の夕刊（朝日新聞一九九八年九月二十八日）にこれから取り上げる二つの文章が載っていた。一つは、小森陽一の「生き延びる」という見出しの「文芸時評」。もう一つは、渡部直己の「『感動』ノイローゼと結託するな」という見出しの「スポーツ批評宣言」。最初に私は、小森の文章を読んだ。選んでそうしたわけではなく、たまたまである。こんな書き出しである。「革命や戦争でも起こらない限り、多数の人々が一度に生き死にの危険にさらされることはない、という二十世紀の幻想が、いま、足元から崩れつつある。安定しているかに思われる生活のすぐ後に、危機の境界が穿たれているのである」。

文章を犯罪行為に喩えると、この行為はいかにも分が悪い。さしずめ文章は犯行現場だろうが、文章を書くという行為は、あまりにも多くの手掛かりを残す危険な犯罪なのである。一行一行の吟味に耐えられる文章などそうあるものではないが、小森のそれはあまりに無残である。私には「二十世紀の幻想」がどんなものだったか解らないが、「安定しているかに思われる生活のすぐ後に、危機の境界が穿たれているのである」という文章を、彼はどこから書いているのか。たかだか、一世帯の平均年収が六百万円にも満たないこの国の「豊かさ」のどこが「安定しているかに思われる」のか。そう思われる生活をしているのは、誰なのか。「危機の境界が穿たれている」とは何のことをいうのか。この文章自体がよく解らないのだが、危機の境界という限りは、こちらとあちらにそんな両者を分ける何かがあるのだろうか。こんな言い回しにはごまかしがある。「危機」の内容が具体的に説明されないまま、最後まで言葉が続けられているからである。その内容を明らかにすることがまず先決であろう。取り上げられている作品の一つひとつがその内容の説明になっていると考えているのだとすれば、ますます解らなくなってしまう。

小森は次に内田春菊の『息子の唇』に触れる。「……、他者の生活の内部に突然身体ごと巻き込まれてしまう恐怖を、世紀末日本の家族と社会の病理として、鋭く切り出している」。こういう文章をどう読めばいいのか。「他者の生活の内部に突然身体ごと巻き込まれてしまう恐怖」とはどんな恐怖なのか。しかもそれが「世紀末日本の家族と社会の病理として」と言われると、それは私にはますます想像もつかない恐怖に変わる。「鋭く切り出す」という言い方に至っては、「恐怖を」「切り出す」とは言わないのではと多少文章作法にいちゃもんをつけたくなる。言葉が贅沢すぎるのである。大きな語がいっぱいありすぎて、肝心の中身がまるで解らない。説明の必要な事柄を何の説明もないまま、次から次へと言葉が滑ってゆく。つるつるの土地を滑っていくものだから、読み終えて「砂を噛むような」思いが残る。これは一体何かと思って、途中で同じ新聞の別の文章に目を転じた。

渡部直己の文章は面白かった。彼の文章を読んで初めて、小森の文章の特徴が了解できたように思えた。渡部はこのように始めている。「さる民放テレビ局のスポット画面に近ごろしきりと、『SPEED』なる少女歌手四人組に、バレーボールの選手を配した図が流れている。十一月の世界選手権のための自局広告で、少女らは、その『オフィシャルサポーター』なのだそうだ」。彼は続いて、春の高校バレーの話に触れる。これを中継したのは別の民放局だそうだが、ここでも前面に出てきたのが「V6」なる少年グループであるという。その時の中継のことを彼は次のように言う。「その折りには、体格のよいエースの攻撃や、長身選手の守備を、『ヘラクレスアタック』だの『アルプスブロック』だのと絶叫するアナウンサーに鼻白んだものだったが、まだひと月も先の大会にこの調子では、今回はたぶん、あれ以上の騒ぎが中継画面を支配することになるのだろう」。

ここで私は気づいた。「ヘラクレスアタック」や「アルプスブロック」とは、小森の文章にこそふさわしいのではないか。言うまでもなく、どこまでいっても、「アタック」は「アタック」であり、「ブロック」は「ブロック」である。見事なアタックはあっても、「ヘラクレスアタック」はない。同じく、「アルプスブロック」はない。テレヴィ中継のそれは「遊び」であって、「一場を盛り上げんとする」演出なのだから、アナウンサーの絶叫もそんなお祭り騒ぎの一環として一緒に楽しんだらどうか。あるいは、そう考える人もいるかもしれない。しかし、もし私がバレーボールを愛する出場選手ならば、即座に会場を立ち去るだろう。渡部は、それはすでにゲームの「中継」なるものとは違うと述べる。それは「スポーツをネタにした、どこまでも侮蔑的な『演出』ゲームにすぎない」。なぜこうなったのか。なぜこんなアホみたいなことがまかり通るのか。この「演出」ゲームを支える「観客」がいるからである。「かなり、深刻なのは、この背景に、観客たちの『感動』ノイローゼともいうべき虚無的願望がわだかまっている点である」。

このノイローゼを「鳥肌ノイローゼ」と言い換えてもよい。決まり文句のごとく、「鳥肌」が立つほど「感動」した、そう彼らは繰り返す。「感動」とは言うまでもなく、「能動」ではなく「受動」に属す。しかし、「感動ノイローゼ」は「能動」としての「感動」なのである。「感動」したくてしたくてどうしようもない「症候群」を患う人々にとって、スポーツは恰好の「イベント」なのである。だから、この勢力を前にして、渡部がしごくまっとうに「『感動』とはまた、たえず予期をこえた不意の事件としてのみ生起するものの別称に外ならぬのである」と付け加えても、いささか分が悪すぎる。彼はスポーツを介したテレヴィと観客とのこうした結託を、「事前に予定された幸福のごとく待ち受ける者たちの反復神経症的な虚無に向けて、『演出』の限りをつくすこと」と表現する。テレヴィと観客とスポーツ選手たちとの「反復神経症的な虚無」としての結託のなかで、「感動」のどうしようもない安売りセールは今日も続く。優れたスポーツ選手はこの関係から最も遠いところにいると思いたい。いや、事はスポーツに限らない。また、テレヴィ界に限らない。このばかばかしさをばかばかしいと言って抵抗することすら無駄だと知った者たちは、そこを離れていくだろう。

渡部はとどめのごとく書く。もう二十年以上も結託を続けた結果、バレーボールそのものの実力は無残に低下した。それは当の選手たちの不幸ではなかったか。「中垣内らの真の敵は、つまりイタリアでもキューバでもなく、愚かな協会とテレヴィと、観客たちの『感動』ノイローゼなのだった」。かくして、バレーボールは今や三流のスポーツに転落した。私はおよそスポーツ全般においてそれほどの関心はないが、渡部の指摘は「メディアとスポーツ」という主題に加えて、そこに現代の観客の存在、私なりに言えば、「テレヴィ的大衆」の問題を正確に言い当てたものとして優れた文章と考えることができる。誰がテレヴィを最もよく見ているのか。テレヴィを見たがっているのは誰なのか。おそらく一番テレヴィを見ているのは、高校生ぐらいまでの子供たちだろうが、彼らは一番テレヴィを必要としない者たちである。むしろ老人、例えば一人暮らしの老人などが最もテレヴィを必要としているはずであるが、逆に彼らには見るべき番組がほとんどない。

小森の文章に戻る。繰り返しになるので、多くは引用しない。花村萬月の『舞踏界の夜』について紹介した後、まず、花村の作品は、「自己と他者が、主人と奴隷といった権力性を基盤にしか結ばれていないことを、性と暴力、そして言葉に内在する関係性をつきつめることによって、作者は書き切っている」と評価した上で、次のように続ける。「『奴隷』が生き延びるためには、『主人』を抹殺するしかないのか。闘わずして生き延びることは、『奴隷』を甘受するだけの営為なのか。そして、自己と他者の関係は『主人』と『奴隷』に還元されるしかないのだろうか」。こんな問いを問いとして本当に信じた上での書き手の問い掛けなのだろうか。渡部の批評に従って言えば、ここにもあのバレーボールの実力を無残に低下させた「結託」が働いているのではないか。小説の作り手と批評家と読者との「神経症的な虚無」としての結託が実は作品そのものを駄目にし、まともな読者を失い、無残な現実を露呈させているのだとすると、渡部直己の批評文は単にスポーツの問題を超えて、われわれの社会の他の分野にまで及ぶ優れた分析力を示していると言えないだろうか。小森と渡部の文章が同じ新聞の同じ日に載ったのは、もちろん偶然である。小森を貶しめて、渡部を持ち上げようという気もさらさらない。私なりの自戒のつもりで、「二つの文章」なのである。

私は毎朝六時に起きる。パンを食べ、コーヒーを飲みながら、ニュースを見る。一日のうちで私がテレヴィを見る時間は、この一時間がもっとも長い。途中で必ず、昨日のスポーツの結果が映し出される。それを紹介するアナウンサー、ＮＨＫの場合、スポーツ専門のアナウンサーがいるのだが、彼の話し方を見ていて、一つ気づいたことがある。身体が前に、彼の上半身がテレヴィカメラの方に迫り出して来るのである。つまり、テレヴィを見ているこちらの方に近づいて来る感じなのだ。彼の側からは、大事なことを言うたびにそうするとでもいうように、力を入れて話す時に限って前方に迫り出して来る。声が届かないという恐れを抱いているからそうするのか。それとも、もっともっと自分の声をテレヴィを見ている者に伝えたいという彼なりの演出なのか。以前には見られなかったと思うが、この態度は何もこのアナウンサーに限ったことではない。そうまでして、決して上品とは言えないそういう仕方で伝えたいこととは何か。「感動」である。「感動ノイローゼ」の視聴者とテレヴィ画面から迫り出してまで「感動」を押し売りするアナウンサーとの組み合わせ、それがわれわれの家庭の日常の光景だとすれば、そら恐ろしいものがある。

村上龍の『イン ザ・ミソスープ』（幻冬舎文庫）の中に、こんな言い方がある。それは、主人公ケンジが恋人の女子高校生のジュンについて述べている個所である。「ジュンは学校の成績は普通だが、頭は悪くない、とおれは思う。今、ジュンの母親は何かの抽選で当たってサイパンに行っているらしい。だから、昨夜だってこのアパートに泊まっていっても親にはばれないわけだが、中学生の弟がいることもあって、十二時前には帰った。まじめ、というわけではなくて、ジュンは普通を目指している。普通に生きていくのは簡単ではない。親も教師も国も奴隷みたいな退屈な生き方を教えてくれるが、普通の生き方というのがどういうものかは教えてくれないからだ」。普通を目指すとはどういうことか。この「普通」という言い方を、「まとも」という言い方に替えたらどうか。まともに生きてゆく、「まとも」を目指すと言えば、私にはぴったりくる。

どう考えても、「アルプスブロック」は「普通」ではない。どう考えても、画面のこちら側に迫り出して来るのは、下品である。どう考えても、自分が信じてもいない問いを大げさな言い方で問い掛けることは詐欺的である。「ブロック」はどこまでいっても「ブロック」でしかない。「感動」は私が自分の感じたことを私において受け取るものだ。それがまともというものではないか。でも、そんなまともさは失われてしまって、もうどこにもないのかもしれない。それは既に、ジュンが「普通を目指している」ように、われわれにとって「目指すもの」になってしまったのかもしれない。だからそれを誰かが教えなければならないとしたら、それこそが現在のわれわれの生活の「危機」を物語っているのではないかと私には思われるのだが、どうでしょうか、小森さん。

（98年10月号）

頭がかゆくなる話

電話で妻が話している。ところが、どうも要領を得ない。「ええ、シラミ、あの虱のことなんです。蚤ではなく、虱です。……いえ、私もよく解らないんですけど……」。

娘が小学校からお便りを持って帰ってきて、私たちにこう言う。「シラミって知ってる？　これ読んで、私の頭、調べてみて」。彼女の口から、何の前触れもなく「シラミ」という言葉が出たのでびっくりした。「今日、学校でお友達が頭がかゆいって泣いて家に帰った。だから、Sちゃん、学童（保育）に来なかった。頭がかゆいって、ぼりぼりかいてた。多分、お医者さんに診てもらうのだと思う」。

「頭がかゆい」と家に帰ったり、病院に行ったりとなると、ただの「シラミ」ではないみたいだ。けれども、学校のお便りを読むと、やはりあの「虱」である。学校で「シラミ」が流行っているのだという。「シラミ」が流行るという言い方も妙だが、あの「虱」がまた復活したとなるともっと奇妙な気がする。私は「蚤」も「虱」も知っている。それらは私の子供時代にはめずらしくなかった。学校などで薬をもらったこともある。私の記憶では、青森の三沢基地の米軍とそれらとが一緒になって残っている。米軍の占領政策と「予防」や「衛生」という言葉とが一緒になっているように、「蚤」や「虱」の駆除というと、ＤＤＴという白い粉と米軍の兵隊さんとが私の中で重なる。それは「敗戦後」の風景であり、青森時代の私の風景である。

「シラミ」は、頭ジラミと衣ジラミと毛ジラミの三種類に分かれる。学校で問題になっているのは、頭ジラミだそうだ。髪の毛の中の白い卵、襟足のところや耳もとなどに特に注意とのこと。卵は二週間ほどで成虫になるというから、かなり厄介である。「虱」は血を吸う。その結果、頭がかゆい子供が、あっちでぽりぽり、こっちでぽりぽりとなる。翌日は、髪の毛の短い子供が増える。

学校だけではなく、学童保育所からも連絡が入る。「とにかく、髪の毛の中を調べてみて下さい」。そこで妻は、連絡網に従って、次の子供の家に連絡をする。すると、そこの家のお母さんは留守で、代わりにお婆さんが電話の応対をしたという。後で妻に聞いたところによると、こんな話だったという。

「まるで戦争の後のことみたい。今頃虱って、どういうことなんでしょうか。何で今、虱なんですか。私ね、奈良の田舎の生まれだから、虱も蚤もよく知っているけど、今の人は知らないでしょう。あなた知っているの、見たことないでしょう。でも、何で今、虱なの?」

「いえ、私も実は虱、見たことないんです。ええ、シラミやノミは知っています、知っていることは知っているんですが、どうして今、急に、いえ、急にじゃないのかもしれませんね、繁殖したんですかね。もちろん、私も知りません」。

「石鹸が高くて買えない時代ならまだしも、シャンプーだって何だってある時代に、妙な話ね。気持が悪いというより、何なんでしょう。おかしな時代、戦後の物のない時代ならね、解りますよ。貧富の差がそのまま清潔さ、不潔さに結びついていたから。お風呂だって自分の家にある人は少なかったしね。でも、今の世の中で、虱って、何か変な感じなのよね、そう思わない、あなた？」

「ええ、そうですね、何か変ですね。私は特に、シラミもノミも知りませんから、子供に言われてびっくりしてしまいまして、正直なところ、学校のお便りで初めて虱について教えていただいたようなわけでして。ええ、あのお便りに絵が描いてありましたでしょう。あんな形をしているんですね。顔？ええ、イラストですから、可愛らしく描いてあるんでしょうけど、実物はもっと不気味なんですか？」。

「不気味も何も、顔なんか見れるもんじゃありませんよ、せいぜい、二、三ミリでしょう。どこからどこまで顔で、身体で、足か。解るもんですか。でも、不思議よね、今頃、どうして虱なの？」。

「解りません。これからよく考えてみます」。

このやり取りもかなり妙なものだ。要領の得ない電話の後で、我が家はひとしきりシラミ談議に及んだ。もちろん、主として、実際にシラミ経験を持つ私の意見が重視されたのだが、私はまず結核がまた少しずつ増えつつある現象との関連に触れた。私にとっては、結核は大正とか戦前の昭和とかの印象が強い。長らく死亡原因の第一位にあったそれは、不治の病として恐ろしい病気であっただけではなく、その社会的メタファーによって文学をはじめとする芸術に格別の意味を与えた。ある時代、結核は、単なる病気ではなかったのである。文学において、結核は病気以上のものであった。しかし、このような現象は、結核に限られたことではなかった。明治の頃の脚気もまた単なる病気以上の意味をもった。例の、日清戦争の時の「脚気論争」である。麦入りの飯の海軍と白米の陸軍の対立、イギリス経験論の海軍とドイツ観念論の陸軍の論争と言ったらいいか。脚気の病因の解らなかった時代に、ともかく経験則に従って麦飯が効果的とした海軍に対して、原理原則にこだわり原因が不明として頑と白米を捨てなかった陸軍。結果は、周知の通り、鴎外の陸軍が敗北し、戦闘で失った兵隊の数以上の兵をこの奇妙な「脚気」で失うことになった。

さて、時代は移り、敗戦後である。ラフカディオ・ハーンが日本に来て眼病のあまりの多さに驚いたように、われわれは「衛生」や「予防」という思想に関しては、ほとんど近代以前を生きていた。米軍が敗戦後の日本にもたらしたものは、「思想」とともに「物質」でもあった。「衛生」は「石鹸」であったし、「栄養」は「牛乳」や「チーズ」であった。「衛生」としての、あるいは「予防」としての「石鹸」を、私は兄との思い出の中に今なお保っている。外から家に戻って、兄と一緒に石鹸で手を洗う。その時、兄はこう言う。「オレのを見てみろ、これはアメリカ石鹸だぞ。ほら、石鹸は白いが、泡は白くないだろ。アメリカ石鹸だからさ」。私のものは、いくら洗っても泡は白い。何のことはない、兄の手が汚れているから、泡も汚く白ではなくなっただけなのに、私はアメリカ石鹸の不思議を本当のことと思い込んでいた。いくら洗っても、色がつかない。それは、私のものがアメリカ石鹸ではないからではないのか。そう思っていた。チーズを最初に食べた時のこともよく覚えている。それを食べた感じは、石鹸のそれであった。実際に石鹸を食べたことはもちろんない。でも、私にとって、チーズは石鹸に似ていた。あるいは、ゴムのような感じ。私は今はチーズは嫌いではない。むしろ、好きな食べ物の一つだ。しかし、あの頃のチーズは、一口食べては吐き出すという始末で、食べ物とは言えなかった。チーズが好物に変わるまでに、時間がかかった。この時間は、日本の社会が変わっていく時間と重なっている。牛乳が私のお腹の中に、内臓に、腸になじむのに時間がかかったように、「栄養」という思想が血肉化するのに時間が必要だった。

このように、私にとっては、「衛生」の思想は何よりもアメリカ「石鹸」という物質であった。同様に、「栄養」の思想は「チーズ」という物質であり、「牛乳」というそれであった。まず、思想は物質としてあった。いや、思想と物質はイコールであった。ＤＤＴに代表される害虫駆除のための薬も敗戦後の思想とともに人々の生活の中にあった。思想は物質であったから、それは触れることのできるものであり、すぐに使うことのできるものであった。だから、それの使い方を知らねばならぬ。使い方を間違えば、効果はない。思想は使われ方次第なのである。物質としての思想はそう教えていた。そして、上手に薬が使われて、虱も蚤もいなくなった。「衛生」は徐々に「環境衛生」にまで広がり、それらだけではなく、いろいろな黴菌も消えた。体内の虫も、外の虫も消えた。こうして、「衛生」の思想は勝った。

ここで、我が家のシラミ談議は佳境に入る。さて、問題は娘の学校で報告された「虱」の復活である。これは、昨今の結核の復活とも関連すると思われるが、結核についてはまた機会を改めて考えることにして、差し当ってはシラミである。「シラミ」は「虱」ではない。「虱」は、物質としての「衛生」の思想によって滅んだ。「シラミ」は今、「衛生」の思想をかいくぐって増殖しつつある。何が違うのか、昔と今とで。

私は子供と一緒に風呂に入って、彼女の頭と身体を洗う。頭は二度、身体は一度、それぞれシャンプーと石鹸で。たぶん、子供が自分の頭と身体をきちんと洗えたら、私は一緒に風呂に入ることは止めるだろう。まだ、彼女は自分だけできちんと洗えない、そう考えているから、私が代わりに洗っている。歯磨きも同様である。夜だけ、私が子供の口の中の掃除をする。そうしないと、虫歯になる、そう私は考えている。そのうち、彼女が自分一人できちんと口の中をきれいにすることができるだろう。その時には、私の役目も終りである。毎日の習慣で私が子供のためにすることは、もう一つ、風呂上がりのドライヤーがある。髪の毛を乾かせば、彼女と私の一日は終る。その他のことは何もしない。私は暇があれば、机に向かっているし、新聞を眺めているし、本を読んでいるし、横になって寝ている。子供のためには何もしない。でも、どんなに忙しくても、毎日の食事作りと風呂と歯磨きとドライヤーは欠かしたことがない。愛情からではない。物質としての思想からである。毎日食事を作ることと同様、「愛情」も「衛生」も私にとってはこの毎日の習慣に尽きる。

「シラミ」はひょっとしたら「物質」と「思想」との分離から復活したのではないか。「物質」として周囲にあふれている。なるほど、石鹸もシャンプーもたくさんある。なるほど、「思想」は「思想」として同じくあふれている、例えば「清潔」の観念のように。しかし、両者の結合がゆるみ、分離され、「物質」は「物質」、「思想」は「思想」として随分身軽なものになった。石鹸はもはや清潔と無縁なものになった。シャンプーはもはや「虱」と何の関係もない。ところが、誰もが皆「清潔」になったと思われたその時、「シラミ」は少女や少年の髪の毛に密かに卵を生む。ちょうど、「思想」と「物質」とが切り離された隙間を埋めるかのように。ちょうど、復活した結核菌が「健康」幻想の裏をかいて、増殖し続けているように。これは、われわれが「清潔」や「健康」を観念として獲得したけれども、毎日の習慣としてではないということを物語っているのではないか。物質の抵抗に出会うことのない思想はもろい。物質から切り離された思想は、単なる言葉の遊戯でしかない。

生活の習慣、食事や掃除の仕方が変わったように、おそらく親の子供に対する手のかけ方が違ってきたのだろう。大掃除と称して、家の外に畳を干した習慣はいつ頃から見られなくなったのだろうか。私は子供の頃、畳運びを手伝わされた。掃除だけではない。肝心なこととは何か、本当に大事なこととは何かが解らなくなってきたのだろう。可愛がるとはどういうことかが、無茶苦茶になっているのではないか。最後に、妻がこう結論を述べて我が家のシラミ談議は終った。「結局、習慣の問題でしょう。物質としての思想はそれに尽きます。それにしても、虱つぶし、という言い方が初めて実感をもって解りました。虱つぶしに探すとよく言うけれども、本当にシラミつぶしなのよね。ようやくその言い方の凄みが解りました。言葉と実際が一致するというのは、当たり前なのに、当たり前じゃないでしょう？でも今夜の話は、実際に頭がかゆくなってくるような話でした」。

（98年11月号）

なあんだ、そんなことか

関川夏央の『家はあれども帰るを得ず』（文春文庫）を読んでいたら、こんな文章があった。「日本から赤面症と吃音が消えた、と誰かがいった。たしかにどの青少年雑誌にもあった『赤面症、どもり治ります』というザラ紙の広告が見当たらない。むかしは電柱にだって貼ってあった。エジソンバンドの広告も見ない」。これに「対人恐怖症」という言葉を付け加えてもいいかもしれない。

夏川のこの文章、「下宿変じてマンションになる」の初出は、一九八八年五月だから、世の中はあの奇妙な「バブリー」な陽気に浮かれ始めていた頃か。もっとも、八〇年代のことはまるで記憶がないので、人々が言う通りに、私もそれを真似て後からそう言っているだけなのだが。ところで、吃音も赤面症も対人恐怖症も私にはなじみのものだ。それが消えたという。無論、本当に消えたわけではない。吃音で困っている人はいるだろうし、顔が赤くなると言って、人前に出るのを嫌がる人はいるだろう。だから、実際に消えたかどうかは問題ではない。そう思わせる何かが問題なのだろう。関川の文章は、そう思わせる何かにむかってこう言う。「上下関係あるいは社会的関係のありかたがかわり、年長者や目上に対する若年者の恐怖感が希薄になったのかも知れない」。

確かに、恐怖は対人関係からやって来るのかもしれないが、私の場合は少し違っていた。大学での一年目の終り頃、突然私の部屋を訪れた面白い後輩がいる。彼は、大家に伴われて私の部屋を見に来た合格したばかりの浪人生である。こういう下宿探しの訪問者は、めずらしくはなかった。部屋にまだ電話などない時代だから、たいていは大家とともに直接、何の前触れもなく訪れる。私はこの部屋を出て、同じ下宿屋の別の部屋に移ることになっていた。この部屋は決してよい部屋ではなかった。それは、狭い、陽当たりが悪い、汚い、とは違う欠点をもっていた。細長いのである。鰻の寝床そのもの。だから、今までの訪問者は一目見て、これはと思いつつ、迷うことなく帰って行く。奥行きはあるが、薄暗い、細長い空間では、閉所恐怖症の人に限らず、住む気にはならないだろう。大家も事情は知っているから、熱心にすすめる様子でもない。ところが、この男は違った。ドアの向こうから大家に声をかけられた時には、また無駄なことをと思っていたのだが、一目で気に入ったと言う。細長いのがいいと言う。私はまだ布団に横になっていたのだが、中に入ってよく見て、よく考えた方がいいと声をかけると、もう決めましたと答える。大家ともども苦笑した。

それからずっと付き合いが続いている。今は石川県で小学校の先生をしているから、最近はめったに会う機会がない。彼とはよく話した。あの部屋を気に入った理由も解った。吃音や対人恐怖症について深く考えるようになったのは、彼によってである。この時期、それを私は考えるだけでよかったが、彼はそれを生きていた。面白いことに、彼は私のことをよく知らないまま、好きになったと言った。どうして、と私は思う。あの部屋ですよ、僕が気に入った部屋の住人なんだから、これが彼の答えらしい。私はこの部屋を気に入っていたわけではない。あの頃、あちこちに引越していたので、空きがあれば条件などどうでもよかった。ひとところに長く住むのが嫌だから、この部屋も三カ月しかもたなかった。荷物は布団と炬燵、あとは本だけだった。本は溜まると売った。本に囲まれているのが苦痛で、突然売りに行きたくなる。アホみたいにお金をかけては、アホみたいな値段で売ってしまう。それの繰り返しだった。彼の相談役みたいになってきて、私は精神医学や心理学の本ばかり読んでいた。今でも彼に感謝していることがある。カフカの全集とドストエフスキーの全集とを交換したことである。私は彼からカフカを譲り受けた。中学、高校と熱心に読んだドストエフスキーはもういいと勝手に思った。その時は、それを捨てたほうがよいと考えた。カフカはまだ私には謎だったから、その全集は魅力的だった。ドストエフスキーは、ものにならなかった。ロシア語への情熱も続かなかった。

彼は、一時期、私に同類のものを見ていたようだ。私もまた「対人恐怖症」だった。でもそれは本当は「対人」ではなく、「対顔」だったのだが。

他人の顔が、それらが並ぶカウンターが恐かったと言った方がいいのかもしれない。あるいは、建物の構造が、と言ったらいいのか。小学校から高校まで苦手なものはたくさんあったが、特に避けたかったのは、他人の顔、銀行、郵便局、職員室の類いである。家が商売をしていたせいで、銀行や信用金庫、郵便局へよく使いに出された。少額ではないお金を持たされた時など、かなり緊張する。用件を忘れてはいけないから、必ずメモをして窓口に向かう。ところが、ドアを開けて入った途端、向かい合わせのカウンターから、一斉に注がれる目、目、目、これがいけない。私は凝固する。石になる。たいした距離でもないのに、カウンターまではるか彼方。私はその場にただ突っ立っていた。

多分、あの建物の構造がいけないのだと思う。ドアのこちら側は誰も私のことなど見ていない。それが開いた瞬間、一斉にこちらを見る。この落差がたまらない。郵便局でも私は凝固するようになり、やがて学校でも、特に、みんな揃った教室に入る時や職員室などが苦手になった。他人の視線が恐いと言えばそうなのだが、抽象的な視線ではなく、具体的な視線が恐ろしかったのだろう。銀行の時には、どんな用件で来たのか、預け入れか引き出すのか、それとも振込かといったように視線は常にこちらの用件に向けられる。この具体的な眼差しが厄介だったのである。しかもそれは職業的な厳しさを伴っていた。高校生の頃には、馴染みのそれ以外には、喫茶店にも入れなくなってしまった。顔が赤くなり、汗が出る。注文の言葉が出てこない。赤面や吃音は子供の頃にもあったが、人と向かい合うのが恐くなったのだ。学校ではよくこう言われた。目を見て話しなさい。相手の顔をまともに見られないのは、何か疚しさがあるからです。自分に自信がないからです。おどおどするのは不正直だからです。

困ったことに、こう脅迫されればされるほど、私は他人が恐くなる。目を見て話さないのは、単にその人の目を見たくないからなんだけどなあ。相手の顔をまともに見ないのは、単にその人の顔を見たくないだけなんだけどなあ。おどおどするのは、単にそういう状況が居心地が悪いだけなんだけどなあ。それに私は奇妙な病い、「対顔恐怖症」で苦しんでいた。そう思っているから、私は真面目に説教をする先生をますます見ることができない。後に私は、単純なことを複雑なものに置き換えるという「意味の病い」（柄谷行人）とでも名づけることのできるような病いにかかっている人々に何と多く出会ったことか。考えるということは、これと反対のことをすることだ。単純なものを単純なものとして、複雑なものを複雑なものとして思考することである。ところが、「対人恐怖症」で苦しむ人にはこれが難しい。

結局、彼と私が一緒に勉強して一番役に立ったのは、ニーチェの『道徳の系譜』である。心理学の本も精神医学のそれも私と彼には役に立たなかった。ニーチェのこの本の基本は、生の関係と表象の関係との区別にある。彼は、われわれが生きている場所と、われわれが思っている場所とを分ける。問題は、もちろんわれわれが生きている場所である。それを彼はしばしば動物の形象を使って教える。動物性とは、われわれが生きている場所を指すのである。ところが、いわゆる「モラル」はこの生の場所で作られたものではない。それは、この生の関係を表象の関係に置き換えたところに成立する。それがあの有名な「ルサンチマン」である。「ルサンチマン」とは表象の世界なのである。だから、ニーチェの道徳批判はこの表象の世界（表象の存在論）と生の世界（生の存在論）との区別という形をとる。表象的なものを「生きている」ものによって破壊するという形をとる。問題は、われわれが生きて活動している場所においてすべてをやり直すことである。ここで、他人との関係を、社会的なものを、モラルを再考することである。

これが最も単純な治療薬であった。私と彼は表象の世界で苦しみ、悩んでいた。とはいえ、では生の世界で苦しみや悩みがなくなるかと言えば、なくなりはしない。その原因を取り除かない限り、なくならない。しかし、それこそ生きること、生きていくための努力だろう。ようやく努力が努力として働いたり働かなかったりする場所に出られたのである。加藤典洋の言い方をまねると、「なあんだ、そんなことか」、そんなことなら人々はみんなそうしていると言われるかもしれない。ところが、この「なあんだ、そんなことか」が、私たちには困難だったのである。生の努力が生の努力として生きる世界、それをわれわれの「生の世界」と呼ぼう。この世界では努力は報われることもあれば、そうでない場合もある。だから、喜びや苦しみはこの努力から生まれる。われわれはこんな世界を生きている。

この世界において私が持つ恐怖はいろいろあるが、最大のものとは何か。まさかこんな恐怖ではあり得ない。関川は言う。「では最近の彼らの恐怖はというと、おなじ年頃の異性にどう見られるか、自分がみっともなくないか、かわっていると思われないか、ということにあるようだ」。彼はこれを今の若い人のもつ恐怖として書いているのだが、それでは大人のもつ恐怖とは何か。衣食住に関わることでないとしたら、それは何か。関川は言う。「『左翼』は結局なにものでもなかったと昨今の日本社会は教えている。だが左翼思想の洗礼は青年たちに、世の中にはものの見方がいく種類もあるということだけは教えた。教えられてどうなるものではなかったのは中年男たちが身をもって示しているが、異性にどう見られるかばかり気にするのが人生じゃないくらいは伝えてもよかったはずだ。いたずらに馬齢を重ねるとはこれをいうのだろう」。

ではどんな人生があるのか。関川の人生とは何か。彼にとっては「書くこと」であろう。しかし、この「書くこと」は、売れる売れない、有名無名、報われる報われないとは関係がない。「いくらこころもとなくとも自分が生きているうちつづければそれで結構」という「下宿生活でそれだけは鍛えた無責任なシニシズム」に立つ居直りである。私は彼の書いたものを読んで、それを十分に感じる。「異性にどう見られるかばかり気にするのが人生じゃない」と強く思うし、「ただ普通でいたいという欲求」だけが生の欲求とは思わない。しかし、私がこんなことを感じても何にもならないのだ。だって、私は彼とほぼ同年代なんだから。

若い人は、関川夏央の本を読むだろうか。「異性にどう見られるかばかり気にするのが人生じゃないくらいは伝えてよかったはずだ」と私も思うが、それをどうやって伝えるのか。どうやって伝えたらよいかは一向に解らないが、私もそれだけが人生ではないと毎年教室で声を張り上げている。ニーチェは、キルケゴールなら「絶望」と言ったであろう、「各人とは自分自身から最も遠いものである」という言い方で表されるものを「生の病い」と呼び、「私とは自分自身がそうであるところのものである」という表現で「生きているということ」がどういうことかを言おうとした。私の人生は、この「生きているということ」がどんな世界かを具体的に表現することにある。生きているものとそうでないものとの区別、それをようやく書き終えたところである。しかし、「生の世界」についてはほとんど手つかずの状態である。ということは、私の人生は今始まったばかりというところか。

（99年2月号）

「失われた十年」と人心の行方

いつ、誰が、どこで使い出したものかは判然としないが、「失われた十年」という言い方があるらしい。主に経済の分野に関わる書物で使われたのが始まりらしい。私の場合は、このところ新聞でよく目にする。例えば、この七月の朝日新聞の記事、「真空首相と自自公政治」という、論説主幹佐柄木俊郎の文章によれば、「米ソ首脳によるマルタでの冷戦終結宣言や、ベルリンの壁崩壊とともに始まった激動の一九九〇年代が、日本にとって、かつてない失意の十年だったことをさす」。「失われた十年」については おおむねこんな了解である。

ところが、悪いことに、この「失意」はこれで終りではなく、二十年にも三十年にもなりかねない恐怖と不安があるのだという。失業率は、戦後最悪を記録した。昨年既に、年間の自殺者数が三万人を超えている。この数字は、交通事故での死者のほぼ三倍である。かつて、交通戦争という言い方があったことを思えば、今度はこの悲しい事態を何と命名すべきか。

ここで私は、経済や政治の分野で何かを言いたいわけではない。それらについては別の機会に譲るが、この失意の十年論に関してもう一つ気になることがある。それを「戦後」の問題と関連づけて論じるという傾向である。例えば、姜尚中は、同じく朝日新聞の「『日の丸・君が代』考」（下）の中で、この十年を一言で表現すると、「こんなはずじゃない」という「憤り」に要約されるのではないかという。しかも、この「こんなはずじゃない」という失速感覚と日本社会の旧秩序の崩壊が重なって、学校、家庭、社会でさまざまな問題が生じているという。それらは、しばしば戦後的な倫理と道徳の崩壊という言い方で表される。この「戦後」あるいは「戦後的」をどう考えるかに関しては、プラス評価、マイナス評価を含めて議論の分かれるところであるが、いずれにせよ、現在の日本社会が戦後的秩序の見直しや改革を必要としているという認識は共通である。姜尚中は、最近の「ナショナリズムの言説」に触れて次のように言う。「こうしてめまいをもよおすような戦後空間のゆらぎのなかから、公共的なものの復権が叫ばれ、それを伝統的な『精神の習慣』としての国家に直結させるナショナリズムの言説が浮上するようになった。それは、父性の復権や規律・権威の強化、歴史の見直しや『戦争論』といった形をとりながら、静かに、しかも霜の降りるように市民社会のふところ深く浸透していった。それは総体として〈戦後なるもの〉を桎梏とみなし、その除去に向かおうとしているのである」。

実は、「戦後」あるいは「戦後的なもの」を現在においてどのように考えるかが、一つの重大な問題なのだが、今回はそれは別にして、私はわれわれの「ふところ深く浸透していった」ものをもう少し遡って、しかも人々の生の奥にまで、言い換えれば、「魂」にまで入り込んで考え直してみたい。ギリシア的なエートスあるいはエトスの学としての倫理学のもつ本来の力によって。大江健三郎は最近よく「魂のこと」という言い方をするが、古井由吉に「人心」という表現がある。考えてみれば、古井こそ、高度経済成長期以後の日本社会の変化において、最もよく「人心の行方」を凝視し続けてきた作家ではなかったか。私見では、「戦後」あるいは「戦後的なもの」の問題は、明治の最初から始めないと解けないと思われるが、それを作品として提示したのは加藤典洋ぐらいのものではないか。奇妙なことに、加藤の『日本という身体』や「『瘦我慢の説』考」や「日本人の岬」などと一緒に『敗戦後論』を論じた例はまるでない。戦後の日本社会の問題は、明治期の日本以来の問題であるにもかかわらず、瑣末な事柄だけを取り上げて加藤の攻撃に終始している。まるで最もすぐれたところでの相手との論争を避けているかのように。また、古井由吉は、ヘルマン・ブロッホ、ムージル、カフカなどの翻訳・研究を経て、「先導獣の話」以来、明治以降のわれわれの生存の場所について生活の最も深いところから書き続けてきた作家ではなかったか。私は、表立って決して政治や経済や社会や、それこそ「戦後」について語らなかったこの作家に、最も政治的なものや戦後的なものを感じる。しかし、この本質的に恐ろしい作家の作品は、残念ながら、それにふさわしい読み方をされているとは言い難い。

最初古井は、一九六八年の終りに、「人心」の行方を「先導獣」によって語った。「草原にのどかに広がる群獣の中のまだ若い一頭が、ふと空に向かってたわいもなく前肢をそろえて跳び上がったかと思うと、たちまち目に見えぬものの息に触れたように、ものに怯えたさまで走り出す」。先導獣とは、このように群れ全体に最初の一撃、古井の比喩では、「目に見えぬものの息に触れたように」、群れ全体に破滅への最初のモーションをもたらす獣のことである。しかし、この小説の語り手はそれを六〇年代末の東京の通勤風景のなかで夢想する。そして、この語り手は、こんなことに気づく。この東京の、この時代の先導獣は、むしろ、群れからこぼれてゆく者ではないのか。例えば、通勤ラッシュの人混みで、二日酔いの気分の悪さをかかえその場に蹲ることで、人の歩く流れからこぼれてゆくサラリーマンのように。

以来、古井は人々の流れからこぼれてゆくごく普通の者たちを取り上げながら、「人心」の行方を追う。私はその頂点を、一九九一年に完結した『楽天記』に見る。古井はちょうど、かつてないアホな「好景気」に沸いていた、日本社会のうそ寒さと淋しさを忘れ難い一章「終日の歌」で恐ろしいまでに的確に描いた。それは、戦後の「ニュー・ジャパン」を経由した明治日本のなれの果てであり、私たちの正確な自画像ではなかったか。私はかつて『ミニマ・フィロソフィア』において、「人はいまここにいる」という章でそれを取り上げたので、今度はその続編として古井由吉の作品全体について取り上げてみたい。すなわち、人々の生活の底の底の「人心」の行方、「魂の下部構造」とも言いうる生の深さについて触れてみたい。この宿題については、いずれ機会を改めて。

（99年8月号）

あとがき

「あとがき」の文章が面白いと言われたことがある。この言葉をどう受け取ればいいのか。まともに受け取れば、「あとがき」には、これを書けば終わりという気楽さがあるからではないか。もう何を書いてもいいだろうという投げやりがあるからではないか。しかし、そう書くと、後の文章がぎこちなくなりそうである。いっそのこと「あとがき」集でも作りましょうか。

私のなかに何種類かの言葉がある。何種類かの思いつきがある。何種類かの思考と感情がある。しかし、これといった趣味も楽しみも執着もない。毎日ほとんど変わるところのない生活がある。そこに、小さな冒険として、本屋とデパートと映画館に行くことがある。それが単調な生活の中での差異と反復である。いつも、学生に、そして自分自身に、言ってきた言葉がある。読み書き算盤より、炊事、洗濯、掃除が大事。それは、大げさに言えば、私たちのためではなく、「世界」のためである。

とはいえ、そんな生活の中で、新聞を読むことはとても大切なことの一つである。思いがけない言葉や驚き、名状し難い現実との出会いがあるからである。それらはいつまでも私の生活の中に残る。繰り返し現れては消え、忘れた頃にまた浮上する。例えば、このような言葉である。日付を確認すると、二〇〇三年一二月三日の朝日新聞夕刊に掲載された長田弘の「同時代人モンテーニュ」という文章。書き出しはこうである。「あらゆる著作家のなかでもっとも粉砕しがたい著作家の一人。モンテーニュについて、詩人のT・S・エリオットはそう言ったことがあります。なぜなら、モンテーニュの言葉は、霧のように人の心に忍び入り、魅惑するからで、手榴弾を投げ込んでも霧は消すことができないからだ、と」。長田弘は、そんなモンテーニュの忘れ難い言葉をこのように書き留めた。私たちはよく、今日は何もしなかった、何もしないで過ごした、と言うことがあるが、それに対するモンテーニュの言葉。「われわれは大変な愚か者なのである。だって、『彼は人生を無為にすごした』とか、『今日はなにもしなかった』などというではないか。とんでもないいいぐさだ。あなたは生きてきたではないか。それこそが、あなたの仕事の基本であるばかりか、もっとも輝かしい仕事なのに」。

ただ生きて在ることの善、これを現代日本社会の中に置くと、どんな景色が現れるのか。「手榴弾」を投げ込んでも消えることのない、十六世紀の言葉を、二十一世紀を生きる私たちは、どのように受けとめるのか。

本を読むこともまた大切なことの一つである。最近手元に届いた、鶴見俊輔の『敗北力 Later Works 増補版』（編集グループSURE、二〇一八年）の中の「なれなかったもの」。書き出しの文章。「自分は何になり得たかを考えてみる」。書評家、数学者、あるいは音楽家か。なりたいと思うものやなりたいとは思わないもの、いろいろあるだろう。しかし、なり得なかったものを数えていくと何が残るか。「そういうふうにして、なりえなかったものの可能性をつぶしてゆくと、今やっているようなことに落ち着かざるを得ない」。それでは、「なりえなかったもの」はどこに行ったのか。それらは、単に消えてなくなってしまうだけなのか。無になってしまうだけなのだろうか。もしかしたら、鶴見は小説家になり得たかもしれない。実際彼は、戦争中、二つの小説を書いた。「戦中の記」と「滝壺近く」である。周知のように、鶴見は十五歳から十九歳まで英語で生きた。その後、日本に戻って急に日本語に戻って、小説を書いた。うまく書けるものだろうか。「こういう日本語で書きあげた長編二つは、読み返して私自身もよいと思えるものではなかった。戦争の続くあいだは人の目に触れないように隠し通した。しかし、敗戦後になっても発表しなかった自分の決断に、私は納得する。その後、私の書いたものは、論文をふくめ、このとき地中に埋めた二つの小説から生え出た」。

「なりえなかったもの」は、消えてなくなったわけではない。それらは単なる無なのではない。「ほとんど無」として、鶴見の仕事のなかに生きている。この考え方は、私にとっての救いである。詩人になりたかった。小説家になりたかった。しかし、なり得なかった。映画監督になりたかった。好きな女性と、誰も知らない街で、小さなバァーを開き、バーテンダーになりたかった。私が夢の中にいた頃の話である。鶴見のように言うと、私も「今やっているようなことに落ち着かざるを得ない」。なり得なかったものは、今の私の仕事の中に「ほとんど無」として残っている、そのように考えたい。

最後に、私の『Later Works』について。二十年以上も前に、晩年の作品様式に触れていたことを思うと、私自身のそれをどのように考えたらいいのか。私のなかには「変態論」というテーマがある。変態といっても、少し説明が必要である。レヴィナスが言うように、私たちの生のすべては身体から始まっている。身体の熱がなければ、精神も理性も知性も自我も魂も何もない。しかし、身体は、いつの日かそれらに乗っ取られ、ピエール・クロソフスキーの言う、いわゆる「頭脳活動」の奴隷へと転落する。最初の転倒である。哲学とはほとんどがこの転倒の物語にほかならない。では、変態とは何か。変態とは、この転倒を再転倒することである。身体の原理の復権である。この「大いなる理性」としての身体の物語をどのようにして作り上げるか。

本当に最後になったが、今回も出版を引き受け、編集の労を取られた、萌書房・白石徳浩さんにお礼を言いたい。改めて言うまでもないが、出版事情が厳しい中、無理を聞いていただいた。感謝を申し上げる。これもいつものことだが、私の望みはただ一つである。本書が一人でも多くの読者に恵まれることである。

二〇一八年八月　眠れない夜に

庭田茂吉

■著者略歴
庭田茂吉（にわた　しげよし）
現在，同志社大学文学部教授，博士（哲学・同志社大学）
『現象学と見えないもの――ミシェル・アンリの「生の哲学」のために――』（晃洋書房，2001年），『ミニマ・フィロソフィア』（萌書房，2002年），『〈思考〉の作法――哲学・倫理学はじめの一歩――』（共著：萌書房，2004年），『暗い時代の三人の女性――エディット・シュタイン，ハンナ・アーレント，シモーヌ・ヴェイユ――』（共訳：晃洋書房，2010年），『レヴィナスにおける身体の問題Ⅰ――「ヒトラー主義哲学に関する若干の考察」から『時間と他者』まで――』（萌書房，2018年），『日常の中の哲学』（萌書房，2018年）ほか著訳書多数。

ヂメイ・テリブル、あるいは反時代的考察

2018年10月20日　初版第1刷発行

著　者　庭田茂吉
発行者　白石徳浩
発行所　有限会社 萌《きざす》書房
〒630-1242　奈良市大柳生町3619-1
TEL（0742）93-2234 / FAX 93-2235
[URL] http://www3.kcn.ne.jp/~kizasu-s
振替　00940-7-53629

印刷･製本　モリモト印刷株式会社

ISBN978-4-86065-126-8